MARKETING DE
CONTEÚDO
A MOEDA DO SÉCULO XXI

Rafael Rez

10ª IMPRESSÃO

www.dvseditora.com.br
São Paulo, 2016

MARKETING DE CONTEÚDO
A MOEDA DO SÉCULO XXI

Rafael Rez

MARKETING DE CONTEÚDO
A MOEDA DO SÉCULO XXI

DVS Editora 2016 - Todos os direitos para a língua portuguesa reservados pela editora.

Nenhuma parte deste livro poderá ser reproduzida, armazenada em sistema de recuperação, ou transmitida por qualquer meio, seja na forma eletrônica, mecânica, fotocopiada, gravada ou qualquer outra, sem a autorização por escrito da editora.

Capa e Diagramação: Helena Sordili / Carranca Design

```
        Dados Internacionais de Catalogação na Publicação (CIP)
            (Câmara Brasileira do Livro, SP, Brasil)

            Rez, Rafael
               Marketing de conteúdo : a moeda do século XXI /
            Rafael Rez. -- São Paulo : DVS Editora, 2016.


               Bibliografia.
               ISBN 978-85-8289-141-4


               1. Marketing 2. Marketing digital
            3. Planejamento estratégico I. Título.




 16-08136                                              CDD-658.8
                     Índices para catálogo sistemático:

                  1. Marketing : Administração de empresas    658.8
```

Este livro é dedicado à minha família: meus filhos, meus pais e minha esposa. Vocês me fazem querer ser melhor a cada dia.

_Sumário

Carta do autor XI
Prefácio XIII
Contexto 1

PARTE UM
MARKETING MUDOU, E CONTINUARÁ MUDANDO

Capítulo 1 - O que você precisa saber agora 8
    Disrupção, quebra de regras e inovação 16
    A revolução não será televisionada 22
    O reino do conteúdo 27

Capítulo 2 - Da era do discurso para a era do diálogo 32
    O novo perfil do consumidor digital 36
    Missão. história, inspiração e outras funções do conteúdo 40
    A publicidade: a porta de entrada 44
    Os clientes estão no controle 48
    Não é publicação grátis 53
    Duas escolas de conteúdo 57
    Princípios fundamentais 60

PARTE DOIS
O PASSO A PASSO

Capítulo 3 - Dominando o mercado e conquistando seu cliente ideal 66
    Pesquisa de personas: conhecendo o seu consumidor 72
    Ferramentas de pesquisa 76
    Como construir personas 81

Construindo personas fiéis à realidade e
realmente úteis para o trabalho de marketing.................................. 84
Passo a passo para criar uma persona 88
Entrevistas com as personas 92
Que perguntas devem ser feitas? 96
Os diferentes tipos de personas 102

Capítulo 4 - Estratégia e planejamento de conteúdo 108
Círculo Dourado: definindo o porquê 113
10 questões que permeiam uma estratégia de conteúdo eficiente 117
Auditoria de conteúdo 121
Inventário de conteúdo 126
Calendário editorial 128
Comunicação com o profissional de produção e
mensuração de resultados 131
Linha editorial e tom de voz 133
Tom de voz: elemento essencial 136
Defina a sua história 138
Faça boas perguntas 142
Os 3 C's dos conteúdo 144
Não fale sobre si mesmo.
Conteúdo "umbigocêntrico" é entediante 147

Capítulo 5 - Ofertas de conteúdo, landing pages e geração de leads 152
Entenda o funil de conversão 156
Conduzindo as etapas do funil até a conversão 160
Bofu, Tofu e Mofu (dando sentindo ao seu blog) 163
Explorando cada tipo de conteúdo 168
Automação de marketing 174
Algo mais sobre landing Pages 177
9 passos para criar uma landing page de sucesso 180

Capítulo 6 - Criação de conteúdo 186
Público-alvo: saiba o que você e para quem você está falando 190
O conteúdo certo, para a pessoa certa, no momento certo 192
Conte sua história com exemplos focados no cliente 197
Use imagens significativas para o seu cliente no conteúdo 199
Vá além do e-book em PDF 201

Crie uma vez, divulgue em todos os lugares possíveis 203
Blog: o centro do seu conteúdo 205
Mais tipos de conteúdos que você pode usar como estratégia 207

CASE Superlógica 216

Capítulo 7 - Canais de conteúdo 226
Os canais digitais de tráfego 230
O mundo está em busca: como os buscadores, principalmente
o Google, podem ter um impacto profundo no seu negócio 235
Legal tudo isso, mas em qual canal eu invisto? 241
Comece um blog, hoje! 243
Onde buscar inspiração para manter o conteúdo fluindo 247

Capítulo 8 - Um guia para a produção de conteúdo 252
Escrevendo títulos convincentes 256
Guia rápido da redação persuasiva 263
Otimize seus conteúdos 270
Estrutura do post perfeito 274
Humanize o conteúdo 278
Como fazer o pior blog do mundo 280
Contratar agência ou formar uma equipe 284
Produtor de conteúdo: encontre o seu! 287

Capítulo 9 - Medindo os resultados 294
Vá além de likes e page views 299
Quanto vale cada lead para sua empresa? 304
O gerenciamento dos ativos digitais 308

CASE Kauffer Pilates 314

PARTE TRÊS
FAÇA SUA PARTE

Capítulo 10 - Criando um processo de Marketing de Conteúdo 320
Etapa 1: personas 323
Etapa 2: planejamento 325

Etapa 3: ofertas de conteúdo e landing pages 327
Etapa 4: criação de conteúdo 329
Etapa 5: canais de conteúdo 331
Etapa 6: divulgação 333
Etapa 7: mensuração 335
A construção do plano de conteúdo
(mais resumos para te ajudar) 337

Capítulo 11 - Não me diga adeus! 348

Avalie a experiência deste livro! 352

Sobre o autor 354

Glossário de Marketing de Conteúdo 357

Agradecimentos 371

Bibliografia 376

_ Carta do autor

Estamos aqui para falar sobre o seu futuro!

Meu nome é Rafael Rez, profissional de marketing, especificamente de marketing digital, como se convencionou chamar. Comecei a trabalhar na internet em 1997 e estou por aqui até hoje, enquanto não desligarem a minha conexão. Se você ainda não me conhecia, muito prazer!

Este livro é sobre marketing. Ele tem começo, mas não tem fim. Sim, porque ao terminar de ler a última página, você deve seguir adiante e escrever sua própria história, seja você um profissional de marketing, um empreendedor, um produtor de conteúdo ou diretor de alguma empresa.

Esta leitura pretende expandir sua mente, te ajudar a conectar os pontos, te mostrar como trabalhar como gente grande que está na vanguarda do mercado. Vamos falar sobre o marketing de conteúdo em todas as suas formas, cores e sabores. Planejamento, tráfego, geração de leads, vendas, tecnologia, ferramentas, tendências, práticas, produção, métricas e muito mais.

Eu dou consultoria para gente que é vista como referência no mercado digital e vejo algumas coisas com antecedência, com exclusividade e com profundidade. Muito do que está impresso nessas páginas eu vi e vivi prestando serviços ou fazendo trabalhos com essas pessoas.

Apesar de vivermos em uma época mágica, muita gente se sente oprimida. Não sabem lidar com a quantidade de informações disponível. Frequentemente vejo gente defendendo tráfego orgânico versus mídia, ou uso de notificações versus e-mail, sem parar para pensar que essas coisas são o conjunto de um todo. Não existe rádio versus tevê, assim como não existe gasolina versus óleo. Você pode ouvir rádio e ver televisão quando bem entender, e um carro precisa de gasolina e óleo para andar. É evidente que você pode ser excelente em mídia e medíocre em conteúdo, mas precisa entender que marketing é o todo, não cada coisa isolada. E nem estou falando do restante do composto de marketing...

Me deparo com as agências reclamando que cliente é tudo igual, que não sabe o que quer, que não valoriza o trabalho. Também vejo os clientes reclamando que as agências não entregam o que prometem, que as coisas custam caro, que não dão retorno. E em meio a toda essa reclamação, vejo pouca gente, na verdade quase ninguém, praticando o verdadeiro marketing. Digital ou não.

Sempre abro minhas palestras e aulas de MBA com uma pergunta: quais são as duas coisas mais caras no século XXI? A primeira delas é o tempo. Ninguém tem tempo a perder e todos gostariam de ter mais horas no dia para dar conta de tudo que tem a fazer. A segunda delas é atenção. Conseguir que alguém preste atenção em você tem muito valor. Se as pessoas não prestarem atenção no que você tem a dizer, não entenderão o seu valor e não comprarão o que você tem para vender, por melhor que seja. A moeda que compra o tempo e a atenção das pessoas hoje é o conteúdo. Esta é a premissa fundamental deste livro.

Meu compromisso com este livro é trazer ideias, insights, dicas, provocações, práticas, atalhos e o melhor conteúdo que eu consegui produzir para você. E se você não gostar, não se adaptar ou discordar de tudo, você pode abandonar este livro em sua prateleira ou doá-lo para alguém. Sem ressentimentos. No mais, se você quiser evoluir como profissional de marketing ou empreendedor, seja muito bem-vindo!

Esse é o Marketing de Conteúdo: A Moeda do Século XXI!

_Prefácio

É curioso pensar que nem faz tanto tempo assim que um item essencial em nossa vida escolar era a Enciclopédia Barsa. Lembro bem da minha infância em que, assim que a professora pedia um trabalho, era chegar em casa e já buscar naquela imensidão de conteúdo os acontecimentos ou personagens históricos que precisávamos apresentar.

Quando falo da Barsa em algumas palestras, é comum ver na audiência quase uma surpresa, um riso nostálgico de quem nem lembrava mais que isso já existiu. Já nos acostumamos a algo bem mais simples e completo: é só pegar o celular e em uma consulta ao Google voltam milhares de respostas sobre praticamente qualquer assunto, em alguns milésimos de segundos, ordenadas por relevância e qualidade.

A quantidade, a acessibilidade e a organização da informação no mundo tomou outro patamar com o surgimento da Internet e de vários de seus serviços (como o próprio Google, as redes sociais, as plataformas de blog, etc). Isso afetou de forma muito profunda a forma como pesquisamos, aprendemos, resolvemos problemas e nos comunicamos.

É um tanto óbvio concluir, apesar de isso ainda não ter sido percebido por muitas empresas, que por tabela a forma como as pessoas compram e as empresas devem vender também foi muito impactada e sofreu ou deveria sofrer grandes modificações.

Há 10 ou 15 anos tínhamos uma forma clara de chegar ao público: algumas empresas (canais de mídia) criavam conteúdo de qualidade (jornais, novelas, atrações esportivas, crônicas, palestras, etc) com o objetivo de construir audiências. Essas empresas então inseriam em parte desse conteúdo um espaço reservado para empresas que precisassem se comunicar com o público delas. São os anúncios comerciais, que funcionam como uma espécie de "aluguel" temporário da audiência dos grupos de mídia. É basicamente como funcionam a TV, o rádio, os impressos e muitas feiras de negócio e eventos. Eles reúnem o público e os anúncios são a forma que encontraram para bancar os custos disso e obter lucro.

O problema desse modelo é que ele contava com a escassez da informação. Eram muito poucos os grupos de mídia, era muito pouco conteúdo disponível para uma grande demanda e por isso era relativamente fácil concentrar a audiência (e cobrar caro pelos anúncios). Com o crescimento da Internet, saímos da escassez para a abundância da informação. Todo mundo pode ser uma TV em potencial, uma revista em potencial, um palestrante em potencial. Todo mundo pode criar algo relevante, que atrai atenção, que conquista audiência.

Para o consumidor, acabou a dependência dos poucos canais de TV, dos poucos jornais como fonte de informação. Ele ganhou o controle do que quer consumir e quando quer consumir. Ele tem acesso a uma infinidade de vídeos, blogs, reviews e comentários. E se há o controle, ficamos cada vez mais intolerantes com a interrupção que os anúncios impunham. Aqueles 5 segundos de anúncio no Youtube tornam-se uma longa e desesperadora tortura. A propaganda incomoda tanto nesse contexto do controle na mão do consumidor, que a função de não exibir anúncios é justamente um dos grandes motivos de assinatura da conta premium do Spotify.

Para as empresas isso poderia ser um alerta: empurrar sua mensagem de forma intrusiva (e muitas vezes desinteressante) como sempre foi feito não vai mais funcionar como antes. O alerta é sim válido e real, mas vem acompanhado de uma nova oportunidade. Se todo mundo pode ser uma TV, se todo mundo pode ser uma fonte de informação, por que não a própria empresa?

O que esse novo contexto traz não é só a oportunidade como também a necessidade que toda empresa passa a ter de se tornar, na prática, também uma empresa de mídia. Ela mesma cria o conteúdo e engaja a audiência que precisa para oferecer seu produto e gerar mais vendas. Não é preciso mais ficar pagando ao intermediário por um aluguel temporário: é possível criar a base própria, um ativo permanente e uma barreira competitiva.

Esse é o grande segredo e o core da estratégia de crescimento da Resultados Digitais. Há alguns bons anos, quando vimos que o caminho era promissor e irreversível, começamos a liderar esse movimento no Brasil, educando as empresas que quisessem usar esse novo Marketing por meio do nosso blog, eBooks, webinars, vídeos.

Viramos de fato uma empresa de mídia: eventos, publicações diárias em blogs, mais de 200 eBooks lançados por ano e um grande arsenal de conteúdo disponível no site, sendo encontrado via Google e compartilhado em mídias sociais. Em menos de quatro anos já são mais de 5.000 clientes pela estratégia, gerando taxas que nos colocam entre as empresas que mais crescem no Brasil. Nosso começo foi simples, sem grandes recursos ou conexões.

Por que cito isso? Porque a mesma oportunidade está disponível para sua empresa nesse exato momento. Você pode usar o conteúdo para criar uma verdadeira máquina de vendas, se tornar "A" grande autoridade do seu mercado e gerar crescimento previsível e escalável. A quantidade de empresas fazendo Marketing de Conteúdo com qualidade e da forma correta ainda é quase irrisória na grande maioria do mercado brasileiro.

Você "só" precisa ter um plano de conteúdo que funciona, que engaja, que gera interesse e confiança em que lê, que está alinhado com o seu posicionamento e que está associado a sua estratégia de vendas. Claro que o "só" é irônico. Não é fácil chegar lá, mas é possível. Mais que possível, como diz Seth Godin, "Marketing de Conteúdo é a última estratégia de Marketing que sobrou."

O que você precisa para começar é basicamente muita vontade e conhecimento. A vontade é própria, mas tenho certeza que, por estar lendo esse livro, você já deu um excelente passo na busca pelo conhecimento. Você vai passar por um material completo, com todos os pilares necessários para aplicar no seu negócio. Isso começa no entendimento do público, passa pela estratégia editorial, planejamento e formatos diferentes de produção, execução, distribuição, alinhamento com estratégia de vendas e geração de Leads até chegar na análise e otimização de todo o processo.

Rafael Rez é um dos caras que confio e admiro muito no mercado e a pessoa certa para passar o entendimento que você precisa para montar e implementar a estratégia de Marketing de Conteúdo da sua empresa.

Ele consegue ter um equilíbrio de poucos em uma visão prática, de quem faz no dia a dia, com um embasamento teórico muito denso. Tudo isso em uma linguagem acessível e de simples entendimento.

Que você aproveite a leitura e que ela seja o catalisador para um processo de mudanças transformador na sua empresa, gerando resultados concretos e crescimento explosivo.

André Siqueira
Co-fundador e líder de Marketing da Resultados Digitais

_ Contexto

"Em Deus eu acredito, todos os outros tragam-me dados."

_ William Edwards Deming

Mais do que nunca, é possível medir todas as etapas do relacionamento com o cliente: o que ele clica, o que visita, quando abre um e-mail, quantas vezes visita uma página antes de comprar, que palavras busca na internet, quais redes sociais utiliza, enfim, uma infinidade de dados. Saber tirar proveito de todas estas possibilidades sem se perder em meio a tanta informação e inovação é o desafio do novo profissional de marketing.

Este livro não é o mapa definitivo do sucesso na internet, muito menos a receita infalível do sucesso, mas com certeza oferecerá insights poderosos e técnicas úteis para você pesquisar, planejar e executar uma estratégia de conteúdo de forma sólida.

A definição mais conhecida de marketing de conteúdo é a do Content Marketing Institute, criado nos Estados Unidos como um instituto para divulgar o conceito no mundo: "O marketing de conteúdo é uma técnica que cria e distribui conteúdo de valor, relevante e consistente, para atrair e engajar uma audiência claramente definida, com o objetivo de encaminhar o cliente a tomar alguma ação que gere lucro". Costumo dizer que esta definição faz mais sentido quando pensada de trás para frente: "A partir do momento em que se define um objetivo, passa-se a definir com que audiência se irá conversar. Sabendo quem é o público-alvo (as personas), é mais simples criar ofertas de conteúdo para se relacionar e, a partir deste ponto, estabelecer um relacionamento e gerar valor para tal público".

Outra definição a considerar é a de Keith Blanchard. Para ele, "Marketing de conteúdo é o oposto de anúncio, e isso significa engajar os clientes com um conteúdo que eles realmente desejam, de uma forma que sirva aos propósitos e aos ideais da marca, ao invés de apenas tentar incluir o logotipo no campo visual. É atingir exatamente a audiência que se deseja e não atirar para todos os lados. É oferecer a experiência que o público-alvo busca e não tentar chamá-lo com uma oferta para depois iludi-lo com uma proposta discrepante. Em resumo, é a evolução da publicidade para algo mais efetivo, mais eficiente e menos dissimulado.". O que Blanchard destaca é que, ao invés de se fazer propaganda e atrair as pessoas diretamente para uma oferta, é preciso entender quais são as necessidades e os desejos do público-alvo, para então desenvolver um conteúdo que naturalmente fará com que as pessoas se engajem com a marca.

Há outra definição sobre o que é marketing de conteúdo que facilita ainda mais o entendimento: "Marketing de conteúdo é a estratégia de marketing que usa o conteúdo como ferramenta de descoberta, informação, vendas e relacionamento com o público de uma empresa. Consiste em definir esse público, estabelecer os pontos de conexão, entregar valor e educar o cliente com formas de conteúdo nas mais variadas modalidades, medindo cada etapa do relacionamento para manter esse conteúdo sempre relevante para o consumidor".

Mas por que um negócio especificamente precisa de marketing de conteúdo? Porque ele melhora todo o marketing digital, ou melhor, todo o marketing. É sem dúvidas a única estratégia capaz de integrar e centralizar todas as outras ações. Nenhuma outra estratégia de marketing digital individualmente consegue alimentar, nutrir e estruturar todas as outras. Só o conteúdo é parte integrante de cada uma das diferentes etapas de marketing. Quando se pensa em termos de e-mail, por exemplo, o que é enviado para o cliente? Uma mensagem expressada em algo escrito ou em uma imagem. Ou seja, conteúdo. Quando se pensa em marketing de afiliados, como se educa alguém para revender um produto? Sim, pensou certo, com conteúdo. Quando se pensa em termos de SEO, otimização para sites, como se consegue algum tipo de relevância e melhoria nas posições? A partir de conteúdos bem indexados, consumidos e compartilhados. Repare, conteúdo novamente. A única estratégia que é capaz de alimentar todas as outras estratégias de marketing digital é o marketing de conteúdo. Grave isso.

O marketing de conteúdo pode deixar um negócio menos suscetível à sazonalidade porque qualquer conteúdo de qualidade vai ser sempre relevante, disponível e acessado. Do nada alguém chega num conteúdo que foi produzido há dois ou três anos, por meio das buscas e gosta do que foi escrito. A mensagem continua pertinente, relevante e interessante. Então a pessoa compartilha e novamente o material vai à tona. Qualquer conteúdo de qualidade publicado gera atividade, renda e autoridade para as pessoas por tempo indeterminado.

O conteúdo quebra os altos e baixos de um negócio normal, conseguindo diminuir a variação que todo negócio normalmente tem. Com isso, também diminui o custo financeiro e estrutural do negócio. Por experiência própria, observando de perto tantos cases de grandes e pequenas empresas, afirmo que essas organizações são financeiramente viáveis simplesmente por causa desta única coisa: marketing de conteúdo.

E o mesmo processo funciona tanto para um pequeno escritório de decoração, quanto para a maior rede farmacêutica do Brasil. Em outras palavras, conteúdo serve para qualquer tamanho de negócio. Mas existem coisas que não são marketing de conteúdo, como o jornalismo, por exemplo. O objetivo deste último é informar de "maneira isenta" pontos de vista diferentes para que o leitor forme o seu ponto de vista. O marketing de conteúdo não tem o objetivo de informar no sentido noticioso. Ele usa mensagens que educam o cliente, fazendo com que ele conheça melhor uma solução, um produto, um serviço, uma empresa ou qualquer outra coisa que faça sentido.

O marketing de conteúdo também não é uma alternativa ou ramo da publicidade. Não fazemos conteúdo em vez de publicidade. Fazemos conteúdo como uma estratégia de marketing. Podemos ter outras estratégias em paralelo, mas o conteúdo é uma estratégia, uma forma de pensar o relacionamento com os clientes, de construir a imagem da empresa. Ele trabalha baseado no conceito "Marketing de Permissão", criado por Seth Godin, em 1999. Este conceito é baseado em cinco níveis de relacionamento, desde quando o cliente começa a conhecer a empresa até o momento em que aprofunda o relacionamento ao ponto de deixar o cartão de crédito cadastrado para fazer compras de forma automática.

Não dá mais apenas fazer uma campanha de publicidade e falar "Compre de mim porque eu sou legal". É importante mostrar como funciona, educar, dizer como outros clientes usam o produto, construir o processo na cabeça do cliente, e não há outra forma melhor de fazer do que usando conteúdo como instrumento para este relacionamento.

_ PARTE UM

O MARKETING MUDOU, E CONTINUARÁ MUDANDO

_ Capítulo 1

O que você precisa saber agora

"As pessoas querem ouvir histórias, mas as marcas não contam mais histórias. Elas estão muito ocupadas com gimmicks, gizmos, aplicativos, celebridades, ofertas, preços e promoções."

_Don Schultz

Marketing de conteúdo não é novo e não nasceu junto com a internet. Desde 4.200 a.C., quando o homem desenhava as primeiras pinturas nas cavernas, o conteúdo estava presente. O homem do passado contava os feitos das caçadas através de ilustrações feitas com carvão, tinta ou pedra no interior das cavernas. Esses desenhos duram até hoje e nos ajudam a entender o que aconteceu naquele período.

Por volta de 3.500 a.C., o papiro foi inventando pelos egípcios, que passaram a registrar suas histórias por meio da escrita e da ilustração. Poderíamos fazer uma analogia e chamar isso de "infográfico primordial". A primeira forma de comunicação escrita a ser desenvolvida já misturava texto e imagem!

Dando um salto no tempo, chegamos em 1455, quando Johannes Gutemberg desenvolveu a primeira prensa e imprimiu 200 cópias da Bíblia Sagrada. Até então, só se produziam cópias à mão, em mosteiros, e o conhecimento escrito era bastante restrito.

A partir do momento em que a escrita começou a se popularizar e a prensa tornou possível imprimir o mesmo conteúdo em folhas e colocá-las em sequência, a produção de livros se tornou mais fácil. A prensa de tipos móveis foi inventada e diferentes moldes para imprimir as informações entraram em cena. Ilustrações passaram a dividir os espaços com a tipografia impressa e diversas formas de conteúdo começaram a ser distribuídas.

O marketing de conteúdo mais próximo do que conhecemos hoje surgiu em 1895 com a John Deere. A fabricante de tratores mundialmente conhecida teve a iniciativa de desenvolver uma revista para seus consumidores. O público-alvo era formado por membros de famílias que possuíam pequenas propriedades agrícolas e usavam arados e outros instrumentos para melhorar a produtividade. A empresa entendeu que se treinasse esses consumidores, levando informação até eles, compartilhando técnicas de produção que outros produtores de outras regiões utilizavam, teriam mais produtividade, venderiam mais, ganhariam mais dinheiro e consequentemente comprariam mais insumos. E foi assim que a John Deere cresceu: tornando seus consumidores melhores, promovendo informação que os fizessem evoluir.

Em 1898, o automóvel estava recém-inventado, quando a Michelin, fabricante de pneus francesa, decidiu lançar o Guia Michelin. A empresa, especializada em produzir pneus para carruagens e carros, entendeu que para que seus produtos fossem mais utilizados, as pessoas tinham de ter razões para viajar. Então, inteligentemente desenvolveram um guia de gastronomia e turístico com 400 páginas. Com acesso às informações do guia, as pessoas teriam motivos suficientes para conhecer outra cidade, visitar um castelo, um parque ou um restaurante famoso. Isso faria com que elas usassem mais pneus.

Em 1904, a Jell-O criou um livro de receitas que gerou US$ 1 milhão em vendas até 1906. Ele ensinava as consumidoras a utilizar seus produtos nas receitas caseiras. O material também apresentava dicas sobre como elas poderiam melhorar a culinária e tornar a cozinha mais fácil. A Jell-O conseguiu cumprir seus objetivos e vender mais educando suas clientes dentro de um contexto que fazia sentido para elas.

Mais à frente, em 1922, a Sears, uma varejista popular nos Estados Unidos, lançou o maior programa de rádio in store do mundo. Todas as unidades recebiam uma transmissão de rádio feita dentro da loja que permitia as pessoas ouvirem uma programação específica da varejista. Entrega de conteúdo em áudio, em caráter informativo, e ao mesmo tempo, comercial.

Avançando mais um pouco, chegamos em 1982, o ano em que a fabricante de brinquedos Hasbro se juntou à Marvel (uma das maiores marcas de quadrinhos do mundo) para criar um gibi do brinquedo G.I. Joe (Comandos em Ação). Este ato promoveu a maior revolução na história de vendas de brinquedos. Foi a partir dessa iniciativa que a Marvel criou uma série de histórias representando os personagens e contando a história do G.I. Joe Versus Cobra, que levou milhares de garotos a ficarem ainda mais fãs do brinquedo.

Em 1987, a Lego lançou uma revista chamada Brick Kicks. O objetivo era utilizar o Lego dentro do processo pedagógico em escolas e associações e mostrar aos professores e pedagogos que a marca era mais que um brinquedo. A ideia era que o Lego fosse usado como instrumento eficiente de desenvolvimento do raciocínio espacial e matemático. Surgiu então a Brick Kicks, uma publicação que atualmente se dedica muito mais ao entretenimento e serve para conectar a comunidade Lego pelo mundo. Hoje a marca produz brinquedos robotizados, videogames, filmes, série de desenhos animados e muitos outros produtos. A marca se dividiu em diversas iniciativas, mas continua publicando a revista, que é uma forma de manter todos os fãs e consumidores unidos.

Em 1998, nasceu nos Estados Unidos o Custom Publishing Council (Conselho de Publicações Personalizadas), dedicado à criação de promoção de revistas publicadas por marcas. Sem dúvida, uma instituição importante para a história do marketing de conteúdo.

Em 2001, em Cleveland, a Penton Custom Media, empresa dirigida por Joe Pulizzi, conhecido por ser fundador do CMI, criou o termo content marketing. Foi nesse ano que nasceu o termo marketing de conteúdo, da forma como é entendido hoje.

No mesmo ano, a BMW lançou uma série de filmes chamada The Hire. A série teve um conceito estratégico interessante, colocando um automóvel da marca como coadjuvante em cada história. Seis diretores famosos foram convidados para compor a série. Nomes como Ang Lee, Guy Ritchie, Alejandro González Iñárritu e outros com bastante projeção na época participaram do projeto. Um mesmo ator, Clive Owen, fazia o motorista em todos os filmes. O material foi disponibilizado para download na internet e fez muito sucesso. Os vídeos tinham cerca de 40Mb e naquela época levava-se muitas horas, às vezes mais de um dia, para conseguir baixá-los. Quem se dispusesse a encarar a jornada de download, acabava por compartilhar o conteúdo em CD's ou em zip drives, as formas mais comuns de armazenar arquivos grandes na época. O sucesso foi estrondoso e influenciou a BMW na criação do conceito que ganhou o mundo no ano seguinte: "Branded Content".

Cinco anos depois, a Nike lançou o programa Nike Plus, um GPS que marcava o tempo da corrida que permitia o compartilhamento com outros usuários em redes sociais. Dentro do aplicativo, o usuário encontrava séries de treinamentos, vídeos de corrida, artigos, programas de treino e emagrecimento. Os consumidores eram estimulados a utilizar os equipamentos esportivos, e assim, poderiam conquistar uma melhor qualidade de vida. O programa se tornou a primeira rede social corporativa de grande alcance global.

No mesmo ano, tivemos a explosão das mídias sociais. Na época ainda chamávamos o conceito de "Web 2.0". Nasceram alguns sites como o Orkut, MySpace, Second Life, que não foram muito longe comparados ao que YouTube, Twitter, Slideshare, Facebook e Instagram são hoje.

2006 também foi o ano em que o Google comprou o YouTube por US$ 1,65 bilhão – US$ 650 milhões pagos em dinheiro e US$ 1 bilhão em ações. Na ocasião, ninguém entendeu bem o que porquê o Google pretendia comprar um site de hospedagem de vídeos, algo caro e complexo e sem perspectiva de faturamento no curto prazo. Hoje, o YouTube é um dos dez sites mais populares, o maior site de vídeos e o segundo maior buscador do mundo. Para se ter ideia, são feitas mais buscas dentro do YouTube do que no Yahoo! e no Bing juntos.

No ano seguinte, em 2007, a RedBull, fabricante do energético mais consumido do mundo, começou a publicar a Red Bulletin Magazine, uma revista sobre atividades esportivas radicais e estilo de vida. O periódico passou a ser publicado em diversos países, sendo uma das primeiras publicações globais patrocinadas por uma marca. Nesse tempo, sete das dez maiores publicações no Reino Unido eram publicações corporativas, financiadas por marcas.

No mesmo ano, a Blendtec lançou o primeiro vídeo no YouTube, o Will it Blend, onde o fundador da empresa pega um iPhone, coloca dentro do liquidificador e bota para moer. O vídeo atingiu 6 milhões de visualizações e foi uma grande história de conteúdo viral. O canal da marca alcançou 385 mil assinantes e a empresa cresceu 700% em faturamento. Vamos supor que você esteja trabalhando para construir uma estratégia de marketing de conteúdo. Alguém chega com um liquidificador industrial na mão e diz: "Vamos pensar numa estratégia para este produto vender mais". Quem em sã consciência pensaria em moer um iPad ou um iPhone para divulgar o produto? Louco, mas foi dessa forma que eles conseguiram tornar o produto um ícone. Atualmente o CEO da empresa, que aparece nos vídeos da Blendtec, virou celebridade e, em qualquer evento que vá, é rodeado de pessoas em busca de uma foto. A Blendtec tornou-se a maior fabricante de liquidificadores e é uma empresa que tem ativos poderosos construídos a partir do conteúdo.

Em 2008, a American Express lançou o OPEN Forum, que se tornou o maior fórum de empreendedorismo a nível global, reunindo milhões de consumidores e construindo um tremendo valor para a marca. Foi a primeira vez que um fórum corporativo chegou a uma escala desse tamanho.

Em 2010, em Cleveland, nasceu o Content Marketing Institute. A Penton já havia mudado de nome para CMI, tornando-se o primeiro instituto de conteúdo do mundo, liderado por Joe Pulizzi, justamente o homem que criou o termo content marketing.

Em 2012 aconteceu o primeiro Content Marketing World, um evento promovido pelo CMI, com várias salas simultâneas e dezenas de palestras acontecendo ao longo de quatro dias. O evento se repete anualmente desde então e ultrapassou a marca de 3.000 participantes em 2015.

Em 2014, no Content Marketing World, a Kraft Foods recebeu o prêmio de maior publicação personalizada do mundo, tendo o reconhecimento pela melhor estratégia de marketing de conteúdo de 2013 para 2014. A Kraft Foods é dona de várias marcas famosas, e inclusive, está presente no Brasil há muitos anos.

É interessante entender que por trás de toda estratégia de conteúdo existe uma estratégia de marca. Sempre há um objetivo a ser alcançado. E quando se consegue estabelecer esse objetivo do ponto de vista corporativo e aliar isso às necessidades dos consumidores, o conteúdo se torna relevante. Passa a fazer parte do contexto da vida do consumidor sem a necessidade da propaganda ostensiva. O produto passa a fazer parte da vida desses consumidores de forma natural. O conteúdo tem sido visto como estratégia eficiente por muitas marcas ao longo de mais de 120 anos, mas só nos últimos 15, a contar da série The Hire, da BMW, que passou a ser visto como uma estratégia de marca e um diferencial para crescimento dos negócios.

Este é um panorama geral histórico sobre como empresas estão chegando ao topo. A partir de agora, você também tem a chance de aprender a fazer história na vida de seus consumidores utilizando o marketing de conteúdo como combustível. Seja bem-vindo à revolução do conteúdo. Seu negócio nunca mais será o mesmo!

Disrupção, quebra de regras e inovação

"O trabalho não é chegar ao status quo; o trabalho é reinventar o status quo."

_ Seth Godin

Há pequenos empreendedores em suas garagens fazendo plataformas que são melhores que grandes softwares do mercado. Há pequenos restaurantes cozinhando o mesmo menu de um grande cinco estrelas, mas cobrando 50% menos. O último agente de viagens está para ser demitido e os sites de turismo ganharam o mercado. Editores de revistas deixaram o crescimento editorial para os blogueiros. Um tanto radical tudo isso, mas nada distante da realidade que vivemos, goste você ou não.

A era da comoditização acabou. Esqueça a história de caminho pré-definido. Não dá mais para seguir um manual para se chegar aonde se deseja. O cenário digital permite que você crie a sua própria audiência, dê o tom de sua mensagem, atraia e conquiste pessoas. Você pode produzir o seu próprio produto, do seu jeito, contar com fãs para ajudá-lo a financiar o lançamento e praticamente fazer tudo sozinho. Uau!

Essas afirmações estão além de previsões e de palavras lançadas por visionários modernos do mundo dos negócios. Tudo isso é real e acontecendo agora. Existem bons exemplos de empresas que quebraram as regras e estão inovando em seus mercados.

A Uber revolucionou o setor de transporte privado urbano. A ideia principal da empresa é baseada em tecnologia disruptiva em rede. Através de um aplicativo, oferece um serviço semelhante ao táxi tradicional, só que de uma forma bastante inovadora. Cinco anos após sua fundação, a empresa foi avaliada em 18,2 bilhões de dólares*, contando com investidores como o Google e Goldman Sachs.

O modelo do táxi tradicional, por ser estabelecido em bases mal pensadas e que estão desatualizadas frente às necessidades do consumidor atual, se tornou ineficiente, inseguro e caro. Um modelo de negócio como o 99Taxis melhora o sistema, mas não o resolve. O Uber é um "soco na cara" desse sistema. Não deixa de ser irônico ver que a melhor ferramenta de marketing do Uber são os próprios taxistas, que alardeiam a chegada do concorrente gritando a todo pulmão e param as cidades para promover a marca do disruptor. Mesmo ilegal, a empresa ganha mercado em fatias

---

http://glo.bo/2d1sRl3

gordas e torna seus concorrentes irrelevantes, e ainda convence a opinião pública a ficar a favor dela. O modelo de negócio do Uber é ruim para o motorista a médio e longo prazo, mas é bom para o consumidor. E isso basta para dominar o mercado.

A Airbnb inovou na área de turismo e hospedagem. A empresa de serviço online comunitário ajuda as pessoas a anunciarem, descobrirem e reservarem acomodações. Permite aos usuários alugar toda ou parte de sua própria casa, como uma forma de acomodação extra. O site fornece uma plataforma de busca e reservas entre a pessoa que oferece a acomodação e o turista que busca pela locação. Atualmente, abrange mais de 500 mil anúncios em mais de 35.000 cidades em 192 países. Para se ter ideia, desde sua criação, em novembro de 2008, até junho de 2012, mais de 10 milhões de reservas foram agendadas pelo site.

A Netflix foi fundada em 1997 com o foco em serviços de entrega de DVDs pelo correio. Com a expansão do streaming, surgiu a ideia do modelo de assinaturas que conhecemos hoje. Atualmente, a empresa está presente em mais de 190 países, produzindo centenas de horas de programação original. Simplesmente revolucionou a produção de séries de televisão fazendo o oposto do que fazem os estúdios tradicionais. Não há interferência no conteúdo das séries, que são realmente originais. Em abril de 2016, a Netflix declarou ter 75 milhões de assinantes*, sendo 47 milhões deles apenas nos Estados Unidos. No Brasil, o faturamento da Netflix já é maior que o do SBT.

Pegue qualquer smartphone e confira se o WhatsApp não está sendo usado. O aplicativo multiplataforma de mensagens instantâneas e chamadas de voz é outro ícone da disrupção mundial. Competindo com uma série de serviços com base na Ásia, a empresa cresceu de 2 bilhões de mensagens por dia em abril de 2012, para 10 bilhões em agosto do mesmo ano. De acordo com o Financial Times, o WhatsApp tem feito para SMS em celulares o que o Skype fez para chamadas internacionais em telefones fixos. Em fevereiro de 2016, o app alcançou a marca de 1 bilhão de usuários,

http://glo.bo/2cAOBpK

e segundo Mark Zuckerberg, poucos serviços no mundo conectam mais de um bilhão de pessoas.

As empresas citadas estão fazendo história e impactando um número incontável de pessoas. O novo sistema é alimentado pela inovação. E isso empurra as indústrias para frente. A queda é brusca, mas inevitável. Veja também as gravadoras que não têm mais tanto poder para definir o que será ou não consumido pelos fãs de música. Perceba como foram vencidas pela democracia da internet. Observe como as rádios perderam o lugar para o YouTube e o Sound Cloud, onde faixas amadoras, gravadas no quartinho dos fundos, podem conquistar milhões de ouvidos atentos. Há bandas e cantores sendo reconhecidos assim. O underground foi para a frente do palco.

O mundo mudou. Ou... o conteúdo mudou o mundo!

A revolução não

será televisionada

O título usado é mesmo bem interessante dentro do seu contexto, mas também pode ser entendido de outra maneira. O uso de dispositivos móveis, como smartphones e tablets, está formando uma nova revolução tecnológica, que tem influenciado fortemente o hábito das pessoas de todo o mundo. O celular, que funcionou como segunda tela por um bom tempo, hoje em dia, é a primeira opção de entretenimento de muitos usuários. Cada vez mais, menos pessoas assistem televisão. O que nos faz entender que a expressão inverteu o sentido, sendo a tevê agora a segunda tela.

Os usuários se apaixonaram pelas redes sociais e passaram a dedicar longas horas de seus dias a curtidas, compartilhamentos e afins. Além da onda dos downloads de filmes e séries ao alcance de um clique, inovações como a Netflix são fatais para a tevê a cabo e para a tevê aberta, com suas programações fixas e horários nobres. Aliás, o Facebook e o Twitter cumprem com maestria a função dos programas de auditório. Isso é tão forte que em 2014 algumas emissoras passaram a tentar transformar as redes sociais em aliadas. Ainda assim, em milhões de lares, o tradicional aparelho de televisão da sala foi substituído por smartphones que percorrem todos os cômodos da casa. Os programas preferidos agora estão em plataformas online, como o YouTube, Vimeo e a já citada Netflix.

Após sua invenção, a televisão, ao lado do rádio e do jornal impresso, foi a grande responsável por alcançar consumidores para as novas e já consolidadas marcas. A força dos anunciantes durante boa parte do século XX era tão expressiva, que muitos programas tinham nomes associados aos seus patrocinadores, como por exemplo, o Repórter Esso. Eram as verbas publicitárias que financiavam os programas de tevê, comprando equipamentos mais modernos e contratando técnicos capacitados, criando empresas colossais de mídia que detinham audiências gigantescas. O consumidor tinha poucas escolhas.

Repetidas milhões de vezes, as propagandas encantavam telespectadores de todas as idades e influenciavam fortemente em suas escolhas. O consumidor mudava de canal para se livrar de alguma programação chata, mas a propaganda continuava lá. Para se ter ideia, uma pesquisa liderada por cientistas da Universidade de Radboud, na Holanda*, mostrou que as pessoas tendem a consumir mais álcool quando se deparam com personagens de filmes ou comerciais bebendo. Os pesquisadores monitoraram o comportamento de cerca de 80 jovens enquanto eles assistiam programações televisivas. Eles descobriram que os que viam mais referências às bebidas alcoólicas, adotavam o hábito de beber duas vezes mais do que os que não as viam.

A televisão é muito útil ao marketing de massa, onde a produção, distribuição e a promoção de produtos funcionavam mesmo sem uma boa segmentação de mercado. As ofertas são empurradas a todos os tipos de compradores. Atirava-se para todos os lados. A Coca-Cola praticou esse tipo de marketing por muitos anos, usando a televisão como plataforma principal para suas ações. Atualmente, com a revolução tecnológica e a proliferação de mídias online, a prática de um marketing que não esteja ajustado às necessidades de públicos específicos desaparece cada vez mais. O custo-benefício é cada vez menor.

A batalha pela conquista de dinheiro é vencida pela expressão de criar ou aproveitar pequenos momentos de intenção de tomada de decisão. Esse é um novo modelo mental, que qualquer um que queira praticar o marketing de conteúdo precisa compreender: é o micro momento.

O simples ato de pesquisar e resolver algo pelo celular é muito comum nos dias de hoje (91% dos usuários de smartphones procuram por informações em seus aparelhos enquanto estão realizando outras tarefas segundo o Google: https://www.thinkwithgoogle.com/intl/pt-br/articles/por-que-mobile.html). E aqui está o ponto que muitas marcas ainda não prestam atenção: as pessoas estão passando muito tempo conectadas, sendo mais objetivas com as decisões de compra, já que consumir online exige rapidez. Ninguém se prende mais a determinados momentos para tomar decisões. As interações são fragmentadas. As ações são tomadas em instantes de impulso, gerados a partir de uma necessidade que não tem mais hora marcada. "Tudo acontece ao mesmo tempo agora". As pessoas checam o horário, assistem vídeos, abrem uma nova aba, mandam mensagens, compartilham nas redes sociais, isso tudo a qualquer momento, e em qualquer lugar.

http://bbc.in/2di2s01

Como a dispersão é inevitável, as empresas são desafiadas a encontrar o exato momento em que os consumidores estão mais receptivos às suas mensagens. O exato momento é quando as pessoas estão procurando por respostas, explorando coisas novas ou tomando uma decisão rapidamente pré-concebida. Isso é feito com o dispositivo mais próximo em mãos. Portanto, o que eu tenho agora é o que me conduz a resolver uma necessidade específica num momento determinado. Isso caracteriza o micro momento. O momento eu quero, momento eu preciso saber, momento eu quero ir, momento eu vou fazer, momento eu vou comprar. Qualquer empresa que queira se destacar no mercado, precisa saber que é através dos micro momentos que a conquista dos corações, mentes e a carteira dos clientes vai acontecer.

O reino
do conteúdo

Toda revolução busca mudanças, inovações, transformação. Mas o progresso também pode vir pelo retorno de bons exemplos do passado, de coisas que já funcionaram. As pessoas crescem ouvindo dos pais sobre "como era bom no tempo deles", que eles se sentavam em cadeiras na frente de suas casas, falavam com seus vizinhos, conversavam sobre o dia, contavam e ouviam histórias. Todos os próximos se conheciam e se relacionavam: vizinhos, amigos, pais, filhos, compradores, vendedores.

A propaganda de uma modelo comendo uma torrada com uma determinada geleia desperta a vontade. Mas se um segundo roteiro mostrar uma pessoa contando que sua avó pedia para ela buscar morango no quintal da casa, e que já se previa vários potes de geleia que iam adoçar o café da manhã por vários dias, o impacto é bem maior. Por mais bonita que a modelo da primeira propaganda seja, a lembrança de um café da manhã em família no interior tem muito mais apelo, mais emoção. Uma "adoça a vista", a outra, "o coração". Em tempos tão complexos, qualquer sorriso que se consiga produzir, qualquer boa lembrança que se consiga trazer para uma pessoa é algo altamente positivo.

Se a intenção é informar, por que não expor os fatos de forma clara e evidente?

Se a ideia é vender, por que não contar uma história?

O mesmo vale para um site B2B ou para o comércio eletrônico. Um e-commerce padrão usa as imagens de produtos alinhadas, as descrições persuasivas e aqueles apelos de "compre, compre, compre". Um outro, em contrapartida, descreve as possibilidades de uso, expõe uma lista de comentários, mostra os consumidores contando como usam o produto, mostram um vídeo com análise com review, valorizam a opiniões dos consumidores. O segundo vende com mais apelo.

É assim que a Amazon vende. O maior e-commerce do mundo deixa que os consumidores digam o que acharam do produto, façam as resenhas, reviews, deem pontos aos livros, reclamem quando é o caso. Isso é muito mais autêntico, é um conteúdo que faz muito mais sentido para quem está comprando. Conseguem-se mais conversões quando o cliente sente autenticidade, quando vê uma história de verdade.

A primeira década deste século trouxe uma mudança de comportamento. A partir do momento que a internet se popularizou e todo o mundo começou a utilizá-la, traçou-se um ponto chamado ZMOT - The Zero Moment of True, O Momento Zero da Verdade (falarei mais sobre ele à frente). É o momento em que uma pessoa decide deixar de ser um pesquisador para se tornar um cliente. Vai até a internet conferir os depoimentos sobre um produto, ver o que outros clientes acham, o que eles estão falando sobre ele, se existe uma garantia, se tem durabilidade e se atende à uma necessidade especifica sua. Trabalhar esse momento é criar grandes oportunidades.

Uma história emocionante de sucesso de uma pessoa que conseguiu se superar é conteúdo. Um case de um produto é conteúdo. Um comparativo é conteúdo. Tudo o que se faz, e tudo o que ajuda as pessoas a entenderem o que a marca faz, é conteúdo. É a chamada perfeita de captura e é também um livro de 500 páginas que demorou dois anos para ser escrito. Em cada fase da jornada do consumidor, é preciso usar conteúdo.

Em 2015, a Hubspot fez uma pesquisa no Brasil* com cerca de mil empresas e chegou a alguns resultados interessantes. De acordo com o estudo, a prioridade número um dos profissionais de marketing é o aumento do número de contatos. 70% a 90% deles citam canais de atração como a melhor fonte de leads e a criação de conteúdo é o projeto que promete o maior retorno.

Site, site mobile, mídias sociais, SEO, campanhas de links patrocinados, e-mail marketing, métricas, enfim, tudo funciona em torno do conteúdo. Por isso que se o conteúdo não estiver planejado antes, todas as outras táticas ficarão capengas.

http://bit.ly/2dxqIfT

Neste capítulo você viu:

- Marketing de conteúdo não foi inventado na era digital, mas foi tremendamente potencializado e se tornou viável para qualquer tamanho de empresa.

- Todas as táticas usadas sob "o chapéu de marketing digital" têm como objetivo levar ao consumo de algum formato de conteúdo.

- As possibilidades tecnológicas levam inovações a novos mercados o tempo todo e ninguém está protegido da influência digital. Táxis, aluguéis imobiliários e a televisão são afetados pela disrupção dos modelos tradicionais.

- As organizações que já adotaram o marketing de conteúdo estão satisfeitas com os resultados e pretendem ampliar seus investimentos.

_ Capítulo 2

Da era do discurso para a era do diálogo

"Você vende muito mais quando para de empurrar a venda. Esteja preparado para lidar com clientes que sabem comprar."

_David Meerman Scott

Conteúdo é para empresas que têm algo a dizer para o mundo. Empresas que acreditam na própria missão e que têm uma visão sobre como querem fazer parte da vida dos seus clientes, devem investir em conteúdo.

Muito da bagagem sobre marketing que se carrega hoje é reflexo da velha forma de divulgar um produto: "fazer barulho para vender mais". Antes, bastava uma empresa ter dinheiro para investir em grandes mídias, que já conseguia bater recordes de vendas. Mas o consumidor cansou e, conscientemente ou não, virou o jogo.

Na web o impacto é outro. As marcas que não estiverem dispostas a ceder o reinado para o consumidor, dando a ele o que deseja e precisa, tenderá a desaparecer. "Quanto mais se conhece a marca e o produto mais vendas acontecem" não faz mais sentido. Simplesmente porque quem está no poder agora é o cliente. Continuar fazendo marketing à moda antiga é "cavar a própria cova".

Por décadas, o marketing e a publicidade foram usados de forma superficial. Pensava-se em design excelente, slogans magníficos, comerciais impactantes e quase nenhuma forma de consciência e confiança sobre consumo. Não se falava sobre conversa entre marca e consumidor. Tudo era discurso. As empresas discursavam friamente sobre o que vendiam. O jogo era "ganha-perde". Mas agora o jogo outro. É "ganha-ganha".

Este marketing ao qual me refiro é aquele que as pessoas falam sobre algo que se preocupam. Ele faz a transição do discurso para o diálogo. Há uma relação de troca entre quem lança conteúdo e quem consome. A empresa busca clientes mais conscientes para a compra e os clientes, empresas que digam e mostrem o que é melhor. No fim acontece o que todos esperam, só que de uma forma menos explícita e mais apaixonante, um vende e outro compra.

Conteúdo não é mera tendência, mas uma estratégia efetiva que define uma nova forma de comunicação. Como a internet não é um meio de massa, muito menos um espaço propício à publicidade agressiva (com exceções), as empresas que quiserem se estabelecer no mercado, precisam buscar novas aproximações para atenderem as demandas de seus nichos.

Aliás, a tentativa de colocar em prática o marketing de massa dentro de mercados segmentados é um esforço inútil. Há tempos que a indústria de marketing vem dividindo mercados e segmentando nichos. A internet apenas catalisou o conceito. Focar em informação criativa e relevante em vez de promover o discurso frio e gritante da publicidade é o que faz sentido agora. O que soa mais sensato: ficar no meio da rua com um megafone dizendo para todo mundo que o que você faz é bom ou sentar e dialogar com quem realmente precisa e se interessa pelo que você vende?

Sim, leitor, na rede quem manda é o cliente. E isso não é apenas um clichê, uma frase solta. O argumento se mostra real e verdadeiro a cada dia. A ênfase dos mercados é elevada na web e nesse ambiente, o usuário tem tantas formas de se relacionar, que os profissionais de marketing podem acabar ficando impotentes. É nesse contexto que o conteúdo se transforma em "herói": a grande solução para criar um bom relacionamento entre empresa e cliente.

Usando uma analogia: com o marketing de conteúdo, empresa e cliente namoram, ficam noivos e se casam. E diante da permissão, se continuarem se atendendo e se respeitando, viverão felizes para sempre. Através de uma boa estratégia de conteúdo, você ganha o interesse das pessoas, ao invés de "comprá-las".

Permissão é a palavra.

O novo perfil do consumidor digital

Para quem você está vendendo? Quem é o seu público-alvo? Como você oferece o seu produto para ele no mercado? Estas são algumas perguntas que o marketing de conteúdo pode responder.

O consumo online se estabelece. Os constantes avanços tecnológicos, o acesso móvel, os aplicativos, a inclusão digital e o crescimento da internet são fatores que tendem a fortalecer esta nova modalidade de compra. As pessoas buscam comodidade, segurança, bons produtos, preço e marcas preocupadas com a satisfação do cliente. Com o passar do tempo, o receio de comprar pela internet foi sendo deixado de lado e o consumidor levou o desejo de ser bem atendido nas lojas físicas para o universo digital.

A internet deixou de ser uma ferramenta voltada ao público adolescente ou jovem. A democratização dos meios digitais, a pulverização tecnológica e o avanço das redes sociais revelaram um novo perfil de consumidor, muito mais heterogêneo e com um forte comportamento de pesquisa. São pessoas muito mais atentas aos atributos de um produto ou serviço e na experiência de outros usuários que adquiriram o bem.

O brasileiro é um verdadeiro entusiasta deste novo jeito de comprar. Nem mesmo a tão falada crise diminuiu a ascensão vertiginosa do e-commerce no país. Pelo contrário, o cenário digital ganhou ares de celeiro de oportunidades, concentrando bons resultados em vendas nos últimos tempos.

Segundo o Comitê Gestor da Internet no Brasil (http://www.cgi.br/publicacoes/indice/pesquisas/), 81,5 milhões de brasileiros com mais de 10 anos de idade acessam a internet pelo celular. Com esta preferência pelos dispositivos móveis, é importante que as empresas invistam em sites cada vez mais amigáveis, ou seja, responsivos a todos os tipos de plataformas. Isso potencializa a chance de compra e melhoria da experiência do usuário. Se o seu comprador em potencial está na internet utilizando o celular, é preciso buscar meios para conversar diretamente com ele a partir deste contexto.

Indivíduos exigentes, criteriosos e com acesso infinito às informações sobre praticamente qualquer coisa. Este é o consumidor online, que quando satisfeito com a experiência digital, torna-se um divulgador da marca.

Indica e defende o produto para colegas, amigos e familiares. Claro, o contrário também pode acontecer. Em caso de uma decepção com a compra, este consumidor pode maximizar sua insatisfação na rede e negativar a imagem da marca de uma forma quase ou totalmente irreversível.

Ao avaliar o novo perfil do comprador online, fica clara a necessidade de estimular o consumo de maneira inteligente. O marketing de conteúdo entra em cena estimulando o consumo de maneira subjetiva, emocional e assertiva.

Missão, história, outras funções

inspiração e do conteúdo

O conteúdo do dia a dia publicado na internet cria a percepção e a forma como a marca é vista. Se a marca tiver conhecimento e a certeza de que pode prestar um bom serviço, pode desenvolver um grande conteúdo e ocupar um espaço precioso na mente das pessoas.

Conteúdo pequeno, como posts em blogs, todos fazem. No entanto, fazer um grande conteúdo envolve mais riscos, desafios e mais resultados. A única forma de alcançar um grande conteúdo é dar poder às pessoas. Só assim se consegue uma disputa de igual para igual com as grandes marcas (este é um grande insight, apesar de soar óbvio). Na internet, todos são iguais, têm a mesma visibilidade e a possibilidade de serem percebidos. Com um público-alvo bem definido, uma pequena empresa, assim como qualquer outra grande marca, poderá ser vista pelos clientes da mesma forma que as outras marcas já consolidadas no mercado.

Kristina Halvorson definiu a importância do conteúdo. Segundo ela, o conteúdo serve basicamente para contar histórias. Nesse contexto, o storytelling se torna um dos fundamentos do marketing de conteúdo. Em 2003, no Evento Content Marketing World, John Shields falou sobre o planejamento integrado de marketing. Shields, que é professor da The Kellogg School Of Management, Northwestern University (EUA) - considerada a melhor escola de Marketing do mundo, foi o criador desse conceito por volta dos anos 80. Ele afirma que "As marcas perderam a noção de que elas existem para contar histórias. São as histórias que criam a percepção e o posicionamento na cabeça das pessoas". Ou seja, são essas histórias que levam as marcas para a dianteira.

Seth Godin diz que "Todo profissional de marketing conta uma história. E se ele faz direito, nós acreditamos". Quando produzimos um case, por exemplo, seja como entrevista, escrito ou em vídeo, estamos contando uma história de sucesso. Mostramos ao público como ajudamos alguém a atingir um determinado resultado. É muito mais fácil nos lembrarmos de dados, fatos e números, através de uma história, do que tentando memorizar uma tabela.

O conteúdo também tem o objetivo inspirar e entreter. Atualmente temos diversos canais de entretenimento representando marcas como o Canal Geração de Valor, que tem mais de 3 milhões de seguidores. Basicamente um canal de inspiração, que busca motivar as pessoas a tomarem uma atitude.

O conteúdo também serve para orientar decisões. Quando produzimos um e-book, um white paper ou um comparativo, estamos ajudando o cliente a decidir qual é o melhor e se aquele serviço ou produto será capaz de resolver o problema dele e se ele pode tomar uma decisão tranquila.

Gerenciar expectativas também pode ser feito através do conteúdo. Se a pessoa comprou um produto que vai ser fabricado e demorar dois meses para ser entregue, ou então um apartamento que vai levar três anos para ser construído, pode-se utilizar o conteúdo para manter o cliente com uma percepção positiva de como a marca se relaciona com ele.

Conteúdo também significa mais visitação através de buscas e recomendações sociais. Se queremos ver a marca crescer organicamente na internet, aparecendo no Google, Twitter, Facebook, entre outras redes, precisamos gerar conteúdo. A ideia é fazer com que as pessoas interajam com a marca e compartilhem a mensagem.

Conteúdo também serve para fidelizar clientes e leitores. Uma vez que um leitor assinou sua lista de contatos e se tornou um lead, está criando relações com a marca a partir do momento em que recebe conteúdo à altura do esperado.

A publicidade: a porta de entrada

Larry Page e Sergey Brin, apelidados de Google Guys, criaram o embrião do que hoje conhecemos como Google, enquanto frequentavam a Universidade de Stanford como estudantes de doutorado. Desde o início, a missão declarada do Google era "Organizar a informação mundial e torná-la universalmente acessível e útil". Don't be evil é o slogan inventado pelo engenheiro Paul Buchheit ("Não seja mau", em português). O Google hoje funciona através de mais de um milhão de servidores em data centers ao redor do mundo, processando mais de um bilhão de solicitações de pesquisa e vinte petabytes de dados gerados por usuários diariamente.

O crescimento exponencial do Google desde sua criação gerou uma cadeia de outros produtos, aquisições e parcerias que vão além do motor de buscas. A empresa oferece softwares de produtividade online (Google Drive e Google Calendar), um software de e-mail (Gmail) e ferramentas de redes sociais (Google +). Isso só para citar algumas patentes.

O Alexa Internet classifica o Google como o website mais visitado do mundo, a revista Fortune como o quarto melhor lugar do mundo para se trabalhar, e o ranking BrandZ afirma ser ele a marca mais valiosa do mundo (229 bilhões de dólares). Se deixarmos de lado toda a parte técnica e avaliarmos o conjunto da obra, chegamos ao consenso de que o Google é uma das maiores revoluções tecnológicas ocorridas no mundo, principalmente pelo fato de que grande parte do que acontece na web atualmente parte dele, ou acontece nele.

A empresa tem implementado várias inovações no mercado de publicidade online que ajudou a torná-la uma das maiores corretoras do mundo. Usando a tecnologia Double Click, o Google pôde determinar os interesses dos utilizadores e as propagandas de destino para que sejam relevantes para seu contexto e para o usuário. Os anúncios podem ser colocados em sites de terceiros em um programa de duas partes: O AdWords, que permite aos anunciantes exibirem seus anúncios na rede de conteúdo do Google, através de custo por clique ou custo de visitação. E o serviço irmão, AdSense, que permite que os proprietários de websites exibam esses anúncios em seus sites e ganhem dinheiro quando os anúncios são clicados.

Você pode estar se perguntando o que isso tudo tem a ver com o assunto principal deste livro. A resposta é tudo! Como grande parcela das ações de um usuário parte do Google, ou de algum canal de interação integrado a ele, o conteúdo web precisa estar alinhado a todo este contexto. Lembra que tratamos aqui sobre os comportamentos de busca e dos micro momentos? Pois é, o Google tem parte nisso, e é preciso entender como uma empresa precisa trabalhar sua publicidade online se quiser que seu marketing de conteúdo tenha sucesso.

Mark Gobé, especialista em branding e marketing de conteúdo, diz que "A publicidade não é o final da comunicação, mas o início da conversa". Publicidade é a porta de entrada. Por um bom tempo, um bom número de iniciativas digitais se valia única e exclusivamente de publicidade. Todo site monetizado contava com banners e outros formatos de anúncios para levar o internauta a algum tipo de conversão. O AdSense se alimentou (e ainda se alimenta) dessa forma, mas com o tempo, o conteúdo começou a determinar como as coisas deveriam ser de verdade.

Como os usuários estão cada vez mais informados e habilidosos, não se pode desejar que eles comprem sem algum tipo de relacionamento antes. Quando uma pessoa entra na internet e compra com um ou dois cliques é porque já estava consciente do que queria. No entanto, muito provável que ela já tenha feito algum tipo de pesquisa antes de realmente decidir comprar. Algum conteúdo foi consumido em alguma etapa. Grosso modo, um banner é um formato de conteúdo, mas pouco significativo em relação a outros tipos de formatos que devem ser criados estrategicamente.

Um banner ou um call-to-action criados para conversão são importantes, mas servem como entrada para que o marketing de conteúdo funcione. No marketing tradicional, a publicidade representava a ponta final da comunicação com o público. Mas hoje, com o avanço da internet, a conversa começa com ela.

As pessoas não querem mais ter relação exclusivamente transacional com as empresas. Elas querem mais do que consumir. Querem adquirir experiências e compartilhar valores. Nesse contexto, as marcas precisam fazer link da publicidade com o conteúdo e com outras mídias, migrar as pessoas a partir da publicidade para outras plataformas, onde a conversa possa ser ampliada.

É preciso adaptar o seu conteúdo e as suas estratégias à esta nova realidade. Os anúncios têm a sua importância, mas apenas dão início ao diálogo. A publicidade tradicional tem a oportunidade de se tornar bem mais poderosa se levar as pessoas a viverem experiências, mas ela não é o fim. É o início.

O AdWords e o AdSense, do Google, o Facebook Ads, do Facebook, assim como outros sistemas de publicidade, têm sua importância no contexto atual, mas são parte de um todo. É um erro investir a maior parte da verba nesses canais e esquecer de todo o resto. Muitas empresas são muito fortes e ativas para comunicar uma marca, seus produtos e serviços, mas falham quando chega o momento de criar a experiência. Toda marca precisa saber quem ela é, o que ela aparenta e o que transmite ao público. O que interessa às pessoas em uma marca não é a linha de produtos, mas os valores dela.

Os clientes estão no controle

O marketing evoluiu passando por três fases: o Marketing 1.0, 2.0 e 3.0. Há um número considerável de empresas e profissionais de marketing hoje ainda praticando o Marketing 1.0, outros, o 2.0, e outros ainda estão entrando na terceira fase. As maiores oportunidades se abrirão a quem estiver praticando o Marketing 3.0.

Durante a era industrial, a principal tecnologia era relacionada a equipamentos e maquinários. O marketing era usado para vender os produtos das fábricas a todos que quisessem comprá-los. Os produtos eram relativamente básicos, criados para servirem ao mercado de massa. A padronização dominava e os ganhos em escala formavam o maior objetivo das marcas. A redução de custos e o esforço para que o maior número de consumidores comprasse era um dos principais trabalhos dos empreendedores e homens de marketing. O famoso modelo "T", de Henry Ford, resumia a estratégia: "O carro pode ser de qualquer cor, desde que seja preto". O foco estava no produto. Esse era o Marketing 1.0.

Alguns anos mais tarde, com o aparecimento da tecnologia da informação, surgiu o Marketing 2.0. O trabalho do marketing já não era mais tão simples. Os consumidores passaram a ser mais bem informados, podendo comparar diversas ofertas de produtos ou serviços semelhantes. Sendo os gostos e preferências muito variados, os profissionais de marketing precisam segmentar os mercados e desenvolverem produtos de qualidade para satisfazer um público-alvo específico. O consumidor está em primeiro plano e isso ainda funciona bem para muitas empresas.

Testemunhamos hoje a consolidação do Marketing 3.0. Em vez de tratarem as pessoas apenas como consumidores, empresas e profissionais de marketing precisam tratá-las como seres humanos plenos. É a era voltada aos valores. Ou seja, com mente, coração e espírito. Os novos consumidores estão em busca de soluções que satisfaçam seus anseios de transformar o mundo em um lugar melhor. Com toda a confusão causada pela globalização, eles procuram empresas que abordem suas mais profundas necessidades de justiça social, econômica e ambiental. Philip Kotler define isso como "A busca não apenas pela satisfação funcional e emocional, mas também espiritual, nos produtos e serviços que escolhem".

As empresas têm uma contribuição maior em termos de missão, visão e valores. O objetivo é oferecer soluções para os problemas da sociedade. "O Marketing 3.0 complementa o marketing emocional com o marketing do espírito humano". Em épocas de crise, o Marketing 3.0 adquire relevância ainda maior para a vida dos consumidores, na medida em que são diretamente afetados por bruscas mudanças sociais.

Desde o início dos anos 2000, a tecnologia da informação criou uma grande onda. Ela permite que a conectividade e a interatividade entre indivíduos e grupos ocorram. Computadores e celulares baratos, internet de baixo custo e fontes abertas são os componentes principais dessa onda. Scott McNealy (O CEO da Sun Microsystems) intitula isso como a era da participação, onde as pessoas criam e consomem notícias, ideias e entretenimento. Isso acaba transformando as pessoas de consumidores para prossumidores (produtores + consumidores). As mídias sociais contribuem para toda essa transformação e os blogs também entram na lista.

Segundo a Technorati (http://technorati.com/), existem cerca de 70 milhões de blogs atualmente. 120 mil aproximadamente são criados todos os dias e 6 milhões de postagens são realizadas nesse tipo de plataforma. Assim como acontece com as mídias impressas, a frequência de leitura e o público varia de região para região. Nos EUA, quase metade dos leitores de blogs são formadores de opinião. Seth Godin tem um blog famoso em boa parte do mundo onde ele apresenta uma nova ideia por dia que influencia milhares de pessoas que optaram por receber seus conteúdos. Ele faz isso desde o início dos anos 2000.

O brasileiro é apaixonado por blogs. Isso é o que revela o "Mídia Dados", gerido pelo Grupo de Mídia de São Paulo, em uma de suas publicações*. Com informações e dados sobre Mercado & Demografia, Televisão, Revista, Rádio, Jornal, Entretenimento e Mídia Digital, a pesquisa mostra a diferença entre uso de blogs em média no Brasil e no mundo. Enquanto a média global é de 52,1%, a categoria tem penetração de 71,2% no país.

---

*http://bit.ly/2cWEfww

Outra pesquisa realizada pela ESET América Latina (http://www.eset.com.br/company) revela que o uso das redes sociais para estudar e trabalhar se aproximou ao uso para entrar em contato com familiares e amigos: 51,4% dos usuários da região utilizam suas redes para fins corporativos. Embora comunicação com amigos e família (85,6%) e estudo (53,6%) serem as razões mais mencionadas de uso pelos usuários pesquisados, um pouco mais da metade (51,4%) compartilha dados corporativos e dizem que o uso para trabalho está como terceiro motivo mais importante.

Todos esses dados sobre o alto consumo e interação dos consumidores nessas plataformas mostra como os profissionais de marketing não têm mais controle total sobre as marcas, que agora estão competindo com o poder colaborativo dos consumidores. É preciso colaboração entre empresa e consumidor. Isso começa quando as empresas e seus gerentes de marketing ouvem a voz do consumidor para entender sua mente e captarem insights e ideias para os seus mercados.

A internet permite maior interação entre os seres humanos e facilita a difusão do compartilhamento de informações pelo "boca a boca". As informações estão onipresentes e não mais escassas. Para dar conta de toda essa transformação, os profissionais de marketing passaram a focar também nas emoções humanas. Foram introduzidos novos conceitos como o marketing emocional, o marketing experimental e o valor de marca.

A diversidade mudou a concepção de quem cria. Consumidores de toda parte têm acessos às respostas sobre produtos antes mesmo das marcas. As opiniões das maiorias dos consumidores no mundo não podem ser mais facilmente ignoradas. O poder está nas mãos de quem compra e as marcas precisam atingir o coração de seus clientes. Este é o Marketing 3.0.

Podemos citar ótimos exemplos de empresas que já entenderam e buscam praticar o marketing emocional. Steve Jobs, Richard Branson e Howard Schultz elevaram o conceito de marketing com suas iniciativas. Cada um com seus conceitos respectivamente "Imaginação criativa", da Apple, "Marketing não convencional", da Virgin, e "Terceiro lugar para se tomar café", da Starbucks. Estas são implementações emocionalmente relevantes e convergem com o Marketing 3.0.

Todo o marketing vai precisar evoluir para um estágio no qual se dirija ao espírito dos clientes. Os profissionais de marketing terão que compreender os desejos e anseios dos consumidores. O conteúdo ajudará toda essa percepção a se tornar real.

Não é publicação grátis

Eu cometi um grande erro durante muitos anos. Desde que comecei a trabalhar como web designer, em 1999, sempre achei que o importante na internet era ter cada vez mais audiência. Em 2002, criei uma produtora de internet com mais dois sócios. Desenvolvemos centenas de sites ao longo de quase uma década. Quase no final desses nove anos, me toquei que não bastava ter posições privilegiadas nos resultados orgânicos no Google ou comprar cliques mais baratos no AdWords. Isso gerava audiência qualificada para os sites dos clientes, mas não necessariamente gerava negócios para os donos deles.

Não foram poucas as vezes que ouvi clientes elogiando o quanto as visitas em seus sites aumentavam mensalmente. Eles me diziam como estavam felizes por terem seus sites gerando visibilidade. Mas um dia a verdade me "bateu na cara". Um cliente reclamou que tinha muitas visitas, mas que fazia poucas vendas. Compreendi o verdadeiro sentido da coisa. Eu estava olhando para as métricas erradas. Claro, como pude ser tão burro!?

Hoje, analisando em perspectiva, me sinto quase um completo idiota por não ter percebido o óbvio: visitas não pagam o aluguel, o salário dos funcionários e não giram o estoque. Óbvio, mas só quando você sabe a resposta. Com a consciência do que são KPI's (Key Performance Indicators), os Indicadores Chaves de Performance, comecei a montar planilhas de controle e analisar os resultados junto aos clientes. O primeiro resultado? O meu trabalho ficou mais complexo. Antes, minha obrigação era apenas alcançar rankings no Google, escrever conteúdos que atraíssem visitas e entender como o AdWords precifica os cliques para pagar mais barato por eles. Mas agora eu precisava conseguir que todas estas visitas se tornassem contatos para comprar produtos ou serviços dos meus clientes.

Aos poucos fui aprendendo onde colocar formulários de cadastro para newsletters, criar banners atrativos e gerar formulários de contato em locais-chave. Mas isso ainda não resolvia o problema. Muita gente visitava o site, clicava em várias páginas e ia embora. Eu não tinha o entendimento sobre a jornada do consumidor. Media os KPI's de uso, mas não os indicadores de negócio, como número de assinantes, número de leads, estágios do funil e custo por visita.

Após um tempo, as redes sociais se tornaram onipresentes e o Google passou a não mandar mais na internet sozinho. Os smartphones surgiram (o iPhone foi lançado em 2007) e os tablets começaram a crescer em participação no tráfego. O e-mail marketing começou a entrar no radar de cada vez mais empresas e nasceu o conceito de multicanal.

O marketing digital entrou definitivamente no cenário das grandes marcas na fase que durou de 2009 a 2011. Por incrível que pareça, até 2009 a internet ainda era vista como uma aposta, mesmo que nós que já empreendíamos no mundo digital soubéssemos que o mundo já havia mudado. Somente nesses três anos que as marcas de fato começaram a alocar um orçamento (o famoso budget do "corporativês") para investir nos canais digitais.

Nesta fase de amadurecimento do mercado como um todo, a visão de que visitas só valiam algo se gerassem oportunidades de negócio, começou a se tornar mais presente. Agora, quando olhamos para trás, isso soa básico, mas quem viveu esta evolução sabe que nem sempre foi assim. Se você visitar o SlideShare e analisar as palestras dessa época, verá que o foco era em geração de tráfego, não em resultados.

Em 2013 eu decidi mudar o foco do meu negócio de uma agência digital para uma consultoria de marketing digital. A forma de execução dos nossos serviços mudou radicalmente. Foi quando nos posicionamos em marketing de conteúdo e começamos a olhar todos os canais de tráfego como canais de atração de clientes potenciais ou de leads.

Quando entendemos que nem todos os clientes estão no momento de compra e que nem todos eles retornarão ao site por iniciativa própria, começamos a usar ofertas de conteúdo para reter cada vez mais pessoas. E ao construir um relacionamento com elas nas redes sociais e na caixa de entrada do e-mail, entregando conteúdo que as ajudasse a tomar a decisão de compra, nosso negócio mudou.

Agora quando um cliente nos procura com a demanda de "melhorar o SEO" ou "aumentar as visitas", a primeira fase do nosso contato com ele é o aculturamento. Explicamos que mais visitas não trarão necessariamente mais clientes. Mostramos que é possível fazer um planejamento mais completo e focado em resultados. Assim conseguimos fechar contratos melhores, apesar de fecharmos menos contratos. Muitos clientes ainda não estão maduros para investir em marketing digital consistente e outros não possuem a capacidade de investir em algo mais estruturado. Acabam buscando atalhos como "Posições nº 1 no Google", "Milhares de fãs no Facebook" ou "Listas de e-mail qualificadas" compradas para envio de spam.

A frase de Chris Goward, "Conteúdo sem conversão é só publicação grátis" faz muito sentido e funciona como um verdadeiro manifesto para como o conteúdo deve funcionar. Se o seu conteúdo não for usado para gerar mais negócios, você estará jogando horas de trabalho e dinheiro no lixo. Se o foco está sendo apenas em gerar tráfego e cliques, sinto lhe dizer que você está falhando.

A partir deste momento, seus resultados dependerão muito da sua decisão. Vender cliques ou gerar negócios? Eu decidi usar o marketing de conteúdo como estratégia central para gerar negócios e centralizar todos os canais de marketing. Agora minha missão no mercado é mostrar o quanto esta decisão pode ajudar a outros negócios, tanto agências digitais, quanto qualquer tipo de empreendimento. Pare a leitura por alguns minutos e reflita: como estará o mercado daqui a dois anos ou cinco anos? Você ainda estará colecionando visitas ou gerando negócios?

Duas escolas de conteúdo

Neste ponto, é importante fazer uma diferenciação: existem duas linhas de abordagem mais comuns para aquilo que se convencionou chamar de marketing de conteúdo". Joe Pullizi, do Content Marketing Institute, foi quem mais difundiu o termo e vem trabalhando neste conceito desde meados de 2001. Os Cases citados da John Deere, Coca-Cola, Kraft Foods, BMW, Michelin e River Pools são exemplos do content marketing na sua forma mais ampla. Esta abordagem eu chamo de "Escola de Cleveland", onde o CMI nasceu.

Em 2006 dois empreendedores do mercado de tecnologia, Darmesh Shah e Brian Halligan, criaram uma empresa chamada HubSpot e no ano seguinte publicaram um livro divulgando o conceito Inbound Marketing. Inbound é uma palavra de uso pouco comum na língua inglesa, e a tradução menos pior para o conceito seria "Marketing de Atração". No livro, eles amarraram várias táticas paralelas para criar um conceito amplo, que usa o conteúdo como peça central e alinha várias técnicas usadas no mundo digital e que são úteis ao marketing.

A promessa do livro incluía:

• Melhore seus rankings no Google e obtenha mais tráfego.

• Construa e promova um blog para o seu negócio.

• Cresça e nutra uma comunidade nas redes sociais.

• Mensure o que interessa e faça mais daquilo que funciona online.

Uma característica evidente do inbound marketing é o foco na geração de leads e na nutrição deles através de um funil de vendas, o que é extremamente aplicável em mercado B2B e também funciona em diversos mercado B2C. O software criado por eles, o Hubspot, é uma ferramenta online que permite criar páginas para capturar estes leads, enviar e-mails com conteúdo (newsletters e similares) e cultivar um relacionamento com este potencial cliente até o momento da venda.

Esta abordagem eu chamo de "Escola de Boston", onde fica a sede da Hubspot e onde acontece anualmente a convenção Inbound.com, que tem reunido mais de 10.000 pessoas nas últimas edições. No Brasil, algumas startups abraçaram esta ideia e divulgaram largamente o conceito. A mais conhecida delas é a Resultados Digitais, uma das empresas que mais cresce no Brasil e que desenvolveu o RD Station, uma ferramenta de inbound marketing extremamente eficiente e com uma curva de aprendizado bem menor que o Hubspot. A grande confusão (e que não é culpa da Resultados Digitais) é que muita gente chama de marketing de conteúdo aquilo que é inbound marketing, e também o contrário.

Outros conceitos também se misturam e se confundem, por também usarem o conteúdo como peça chave para alcançar o consumidor, como é o caso do branded content. A verdade é que cada empresa tenderá a puxar a sardinha para o seu lado, flexibilizando os conceitos conforme seus próprios interesses. Como esta é uma problemática estritamente mercadológica, não cabe no contexto deste livro teorizar demais o que é uma coisa e o que é outra.

Os adeptos do inbound marketing entendem que conteúdo é apenas uma parte do todo e que, portanto, marketing de conteúdo está dentro do inbound marketing. Os adeptos do marketing de conteúdo defendem que inbound marketing é apenas a captação de leads e o conteúdo para nutrição do funil e que portando está dentro do guarda-chuva do marketing de conteúdo.

O CMI chegou a criar um infográfico com um campo de futebol americano ilustrando onde cada coisa se encaixa, mas a internet é dinâmica, o mercado é dinâmico e esse tipo de discussão acaba virando briga de torcida, sem uma conclusão final e útil. É preferível tratar a questão partindo de princípios fundamentais.

Independente de seguir a Escola de Cleveland ou a Escola de Boston, ou ainda outra abordagem que seja mais adequada ao seu negócio, ou ao negócio para o qual você trabalha, é fundamental entender que marketing de conteúdo não é apenas mais uma opção no mundo digital.

Princípios fundamentais

Antes de seguir para a parte dois, vamos estabelecer entre nós alguns fundamentos que nortearão todas as iniciativas de Marketing de Conteúdo.

Vamos aos 5 princípios fundamentais do Marketing de Conteúdo:

1. Fazer marketing de conteúdo é transformar a sua marca em uma fonte de conhecimento relevante para o consumidor.

2. Fazer marketing de conteúdo é conhecer onde o seu público procura informação e estar lá entregando o que ele precisa para conhecer, entender, gostar e escolher de você.

3. Fazer marketing de conteúdo é compreender que os consumidores nunca foram nem estão preocupados ou interessados em sua marca. Eles estão preocupados com as suas próprias vontades e objetivos de vida. Mas se você oferecer a este consumidor o que ele precisa para alcançar estes desejos, então ele pode começar a prestar atenção em você.

4. Fazer marketing de conteúdo é estar presente no processo de compra do consumidor de forma a oferecer exatamente o que ele precisa saber em cada etapa de sua decisão.

5. Fazer marketing de conteúdo é construir um relacionamento confiável com o consumidor inclusive no pós-venda, para que ele saiba que a sua marca é a melhor quando for necessário resolver um problema ou no caso de surgir algum novo interesse.

Sabendo disso, vamos partir para tudo o que o Marketing de Conteúdo não é:

1. Marketing de conteúdo não está restrito ao online. Apesar de a expressão ter ganhado força na era da internet, as estratégias de marketing de conteúdo devem englobar qualquer canal de comunicação que sirva para engajar e atrair o consumidor. Ou seja, é possível fazer marketing de conteúdo com revistas impressas, no marketing direto, no rádio e em outros canais.

2. Marketing de conteúdo não é só produzir material aleatório, mesmo que ele seja interessante. Engloba planejamento estratégico, criação e distribuição de conteúdo com objetivos a serem alcançados, além de estabelecer métricas para os estágios do processo de compra.

3. Marketing de conteúdo não acaba na geração de leads de qualidade. Apesar de se preocupar em conhecer e atender a estes leads, vai além e chega até aos serviços de atendimento ao consumidor. Por exemplo, pensar em conteúdo relevante que transcenda o "Manual de Funcionamento" ou as "Perguntas Frequentes" e que possa servir para aumentar a adoção de ferramentas e softwares, diminuição de cancelamentos e aumento da indicação e atração de novos clientes.

Norteado por estes princípios, o marketing de conteúdo será efetivo e útil como estratégia de marketing para o seu negócio.

Neste capítulo você viu:

- O consumo online se estabeleceu. Os constantes avanços tecnológicos, o acesso móvel, os aplicativos, a inclusão digital e o crescimento da internet são fatores que tendem a fortalecer esta nova modalidade de compra.

- Os consumidores buscam comodidade, segurança, bons produtos, preço e marcas preocupadas com a satisfação do cliente.

- Com o passar do tempo, o receio de comprar pela internet foi sendo deixado de lado e o consumidor levou o desejo de ser bem atendido nas lojas físicas para o universo digital.

- O consumidor está no controle e troca de marca com mais volatilidade, além de formar suas opiniões fazendo buscas no Google e consumindo conteúdo em redes sociais.

- Criar conteúdo não é fazer publicação grátis. É preciso ter metas claras e objetivos a serem alcançados, para saber como medir o sucesso das suas iniciativas. O que não se mede não se gerencia.

- Você pode usar publicidade para atrair clientes para o seu site, fanpage ou blog, mas precisará do conteúdo para mantê-los voltando e se relacionando com a sua marca: antes de comprar, durante o processo de compra e após se tornar cliente.

- Existem duas grandes abordagens de conteúdo: o marketing de conteúdo e o inbound marketing, cada um com suas especificidades.

- Os princípios fundamentais do marketing de conteúdo: tornar-se uma fonte de conhecimento, saber onde seu público procura informação, oferecer conteúdo que ajuda seu cliente potencial a atingir as metas dele, estar presente na jornada de compra e estabelecer um relacionamento confiável com seus clientes.

_ **PARTE DOIS**

O PASSO A PASSO

_ Capítulo 3

Dominando o mercado e conquistando seu cliente ideal

"O melhor marketing do mundo não parece marketing."

_Tom Fishburne

O conteúdo entrega valor a quem o consome. O artigo Share what you know and people will buy what you sell, "Compartilhe o que você sabe e as pessoas comprarão o que você vende", de Matt Hanses, afirma que em uma sociedade que tenta vender de tudo o tempo todo, a última coisa que alguém quer ler é um texto de vendas. É nisso que o marketing de conteúdo trabalha. Esses conteúdos de vendas sem alma, com palavras do tipo "imperdível", "grande oportunidade", "só hoje", que tentam forçosamente chamar a atenção, em 90% das vezes, ou mais, são solenemente ignorados. É lógico que em grande escala qualquer coisa gera resultados, mas as taxas de conversão são cada vez menores e o ciclo de vida dessas táticas é cada vez menor. Já o conteúdo só cresce, cresce e cresce.

Em contraste a este marketing de interrupção, é possível oferecer conteúdo de aconselhamento, com dicas e valores que, em vez de inconvenientes, serão úteis. O público não está sendo incomodado e o consumo não é compulsório, mas opcional. A pessoa consome o que é produzido a partir do desejo dela de ter chegado à empresa, acessado o conteúdo por meio de alguma busca ou por indicação de alguém. A simpatia, a aceitação e a boa vontade são muito maiores. Em vez de clientes, se conquistam fãs.

Consideremos como objetivo do conteúdo, então, priorizar a utilidade. As métricas sociais, os links, os compartilhamentos e as curtidas vão confirmar se atingimos este objetivo ou não. Acima de tudo, é preciso ser útil, oferecer valor, entregar informação. Isso fará com que as pessoas entrem na jornada de compra consumindo algo bem direcionado, com uma carga de boa vontade consideravelmente mais aberta a efetivamente comprar ou consumir o que se tem para vender.

Após definir os objetivos do conteúdo, ou seja, o que o conteúdo precisa representar para a empresa e para a marca, deve-se buscar audiência. Se temos conteúdo útil para oferecer, devemos partir para esta busca fazendo com que o conteúdo alcance as pessoas e que seja encontrado e consumido. Um conteúdo que não é visto por ninguém é como se não existisse.

Criam-se mitos sobre a busca pela audiência. A ideia é derrubá-los para que não se inicie o planejamento e a definição dos objetivos de forma distorcida. Primeiro é fundamental entender a importância de buscar a audiência. Estabelecido o objetivo de resolver os problemas do mercado, pensa-se em como alcançar audiência, o que em outras palavras, significa levar o conteúdo até as pessoas.

Jay Baer, autor de YOUtility - livro mais vendido em 2013 na área de Marketing nos Estados Unidos, define o assunto de uma forma bastante interessante: "Todo mundo nos diz: sejam como a Red Bull, sejam como a Coca Cola, sejam a Apple. Vocês precisam ser diferentes, especiais, seus clientes precisam amá-los. Mas nem toda empresa é assim tão legal. Se você não pode ser legal, seja útil". Jay deixa claro que nem todo negócio é divertido como a Apple, a Coca Cola ou a Red Bull. Nem sempre a área de atuação nos permite ser divertidos, e por isso é preciso, no mínimo, ser útil. As pessoas têm de saber que a empresa resolve um determinado problema. E criar conteúdo útil ajuda a trazer essas pessoas até a sua solução, o produto ou o serviço.

Definir que o foco deve ser a utilidade muda a forma de criar o conteúdo para conquistar a audiência. A empresa se vê como um prestador de serviços para o cliente. Enxerga a marca como algo que existe para atender as necessidades dos clientes e esta é a razão de existir do marketing: entender que há necessidades no mercado e criar produtos e serviços para supri-las. Fazendo isso com lucro, o negócio cresce naturalmente. E hoje o conteúdo é um aliado nesse crescimento. Dentro das expertises, com base nos produtos ou serviços que temos para vender, vamos descobrir, por exemplo, quais as pesquisas mais populares na área ou o que as pessoas pesquisam no Google. Daí a empresa precisa fazer com que o conteúdo seja encontrado pelo Google e crie a primeira conexão com o cliente potencial.

O que as pessoas mais pesquisam na área de atuação da sua empresa? É preciso produzir conteúdo que responda a essa dúvida. As pessoas vão para a internet buscar informação e só descobrindo quais são as pesquisas e dúvidas delas, é que você consegue desenvolver conteúdo útil. Em vendas, costuma-se usar a palavra "objeção", indicando quais receios o cliente tem para fechar o negócio. O conteúdo também visa antecipar tais objeções e tratá-las oferecendo informação e educação para uma decisão mais efetiva. Isso pode ser feito em larga escala. Com foco nos problemas mais comuns, é possível desenvolver conteúdo baseado no que a audiência quer saber, ou seja, se ela já está indo para a Internet fazer buscas, nada melhor do que termos um conteúdo que responda suas dúvidas.

O que nós fazemos todas as vezes que entramos no Google? Digitamos uma palavra-chave, colocamos uma pergunta, escrevemos um termo específico para que o buscador nos traga uma resposta. Você precisa ter a resposta para que o algoritmo entregue os resultados às pessoas. No título de um post, em um blog, pode-se fazer a pergunta que a audiência faria, como por exemplo, "Como remover o filtro da minha piscina?". Uma empresa que vende filtros de piscina, insumos, material de limpeza, cloro e todo o resto, precisa criar um post (ou um artigo, ou uma página, ou um tutorial) escrito exatamente sobre o tópico "Como remover o filtro da piscina" e ensinar as pessoas a fazerem. A ideia é que no fim o filtro novo substitua o velho. O conteúdo deve explicar como o consumidor vai fazer o trabalho sozinho. Caso ele não consiga, então entrará em contato com a empresa que realiza a troca.

É como uma prestação de serviço para o consumidor em forma de conteúdo. Essa é uma ótica de negócios muito característica da internet: doe primeiro, ganhe depois. Isso é ser útil.

Outros conteúdos lançados podem conter, por exemplo, quais os cuidados necessários, dizer que não se pode desparafusar um determinado item, como descartar o filtro velho. Tudo isso descrito de forma que o leitor entenda que é algo fácil de se fazer (se o seu objetivo é vender o filtro). Ou para que ele entenda que é algo complicado e é preciso chamar um especialista (se o seu objetivo é vender o serviço de substituição do filtro).

Cada objetivo de negócios tem o seu conteúdo. Por isso definimos os objetivos primeiro e o conteúdo depois, para não criar algo aleatório que não gera nenhum tipo de resultado.

É muito importante dar destaque para a pergunta e não oferecer diretamente o produto ou serviço. Um anúncio no Twitter escrito "Precisando de uma desentupidora, ligue agora 0800.1234" soa muito chato e fora de contexto. Mas se a abordagem for algo como "Descubra como não entupir mais a pia" ou "Evite os principais problemas que levam a pia a entupir" o leitor será muito mais estimulado. É um exemplo simples, mas que contextualiza o negócio. Outro exemplo? Um conteúdo chamando "Como desamassar roupas rapidamente" pode dar dicas que levem o consumidor à página que vende o ferro ou o equipamento de vapor para tirar os vincos da roupa. Extremamente útil para quem viaja muito e tem roupas sempre amassadas na mala.

Também é imprescindível obter cadastros de e-mails oferecendo mais conteúdo sobre o assunto. Sugerir que apenas quem se cadastrar no site receberá a informação de novos conteúdos semelhantes, é uma maneira inteligente de gerar oportunidades. É bom ter um ou mais campos de cadastro na lateral do blog da empresa e outro no final do post, por exemplo. Este é um recurso fundamental para dar início aos processos de automação de marketing (falarei sobre isto num capítulo posterior). Todas as vezes que uma pessoa se cadastrar, é possível saber qual página gerou o cadastro e por qual assunto ela tem interesse. Assim, quando se fizer novos conteúdos sobre esse assunto, é possível enviá-los por e-mail para esses clientes em potencial.

Portanto, um dos principais objetivos do marketing de conteúdo é atrair uma audiência preparada para comprar, interessada no que uma empresa tem para oferecer. Se você tiver uma audiência pequena, terá pouco resultado. Se a audiência crescer, o resultado vai crescer na mesma proporção. E não há outro caminho para construir uma audiência a não ser conhecendo bem o público-alvo e o perfil de cliente ideal. Aliás, fazer marketing é conhecer tão bem o público e oferecer um produto/serviço/solução tão bem alinhado com esse conhecimento, que a venda "se faça sozinha". Quase "não é preciso vender", pois é o cliente quem vai comprar. É um ajuste de percepção que muda o negócio como um todo: ao invés de empurrar a venda, cria-se condições para que a compra seja feita.

Pesquisa de personas:

conhecendo o seu consumidor

Para administrar corretamente uma carteira de clientes, é preciso definir o posicionamento antes de traçar qualquer estratégia de marketing. Sem a definição clara do posicionamento, a empresa acaba desconhecendo a própria identidade, tendo dificuldade em nortear ações. Ajustes de posicionamento são naturais em uma empresa, mas é preciso conhecer o público-alvo antes de tomar uma nova direção. Aparece então uma ferramenta valiosa: a Pesquisa de Personas. Através dela é possível obter informações relevantes sobre o campo de atuação, clientes e até a concorrência.

Ela torna possível identificar critérios e avaliar informações que darão subsídios para elaborar uma estratégia de marketing e a tomada de decisões. Para isso a empresa deve descobrir que tipo de dados quer coletar para definir o problema e os objetivos desta pesquisa. Existem diversas abordagens e diferentes instrumentos que podem ser usados, como questionários, observação de uso, grupo focal, levantamento, experimental, entrevistas, entre outros. Em alguns casos, também é possível trabalhar com análises a partir de dados coletados anteriormente. Lembre-se: quanto mais pesquisa, menos "achismo".

O importante é que a ferramenta e o método sejam usados corretamente para apontar uma tomada de decisões certeira. Um dos objetivos de uma Pesquisa de Personas pode ser identificar desejos e necessidades dos consumidores. Se o foco da pesquisa é sobre produtos ou serviços que já estão sendo comercializados, ela é capaz de apontar se a empresa está no caminho certo, de acordo com as expectativas dos consumidores.

Uma Pesquisa de Personas bem executada pode trazer como conclusão a descoberta de uma oportunidade de mercado, pode orientar o desenvolvimento de produtos com mais qualidade e segurança, oferecendo o aperfeiçoamento de processos associados à compreensão de mercado e ao planejamento de produtos, sendo tão vital quanto a tecnologia aplicada neles. Pode também orientar a empresa em seu estágio inicial, auxiliando na avaliação de qual mercado entrar, determinando o que os consumidores querem e quanto estão dispostos a pagar.

A coleta de dados e informações pode ser quantitativa ou qualitativa. Os métodos quantitativos utilizam a análise matemática, com uma grande amostra de dados. São muito úteis em análises de frequência, visitação, tipos de uso, etc. Já os métodos qualitativos, são mais aprofundados e elaborados, com amostras menores capazes de definir um problema, gerar hipóteses, identificar determinantes, entre outros.

Mas a melhor Pesquisa de Personas ainda é o feedback do cliente. Pegar o telefone e ligar para 10 leads que solicitaram orçamento e não fecharam negócio é uma ferramenta sem precedentes para aprender sobre o cliente. Por isso sempre recomendo uma boa conversa com a equipe de vendas, ou uma abordagem direta, mesmo em casos onde a venda é automatizada. Muitos e-commerces, por exemplo, perdem oportunidades por não ligarem para o cliente e entender qual etapa do fechamento do carrinho foi a responsável pela desistência da compra. Depois de falar com 3 a 5 clientes, há uma grande probabilidade de você já ter identificado mais de 70% dos problemas que os fazem não concluir a compra.

Ferramentas de

pesquisa

Uma mínima Pesquisa de Personas bem elaborada e executada pode transformar o quadro de seu marketing de forma positiva. É a partir das informações de pesquisa que você vai saber sobre a realidade do mercado, entender os clientes, os concorrentes, os fornecedores e obter insights para fazer o conteúdo acontecer.

A dificuldade de muitos empresários, no entanto, tem a ver com o preço de uma pesquisa. Atualmente, uma pesquisa básica pode custar em torno de 10 mil reais. Para amenizar este problema, principalmente para empresas pequenas com orçamentos de marketing limitados, existem ferramentas online gratuitas, que podem te auxiliar a mapear seu mercado antes de arriscar qualquer coisa. Uma pesquisa mais informal, feita pelo empreendedor, é um ponto de partida, mas não substitui um estudo mais aprofundado.

Importante: para garantir resultados satisfatórios com essas ferramentas, é necessário contar com pessoas que tenham a ver com o perfil do negócio. Uma pesquisa feita com um público-alvo diferente do pretendido pode trazer resultados confusos. O primeiro passo é avaliar que tipo de resposta a empresa procura. É importante entender o que se deseja levantar e quais informações que se buscam, tanto do potencial de mercado quanto do perfil do consumidor. No fim, a pesquisa deve ajudar o empreendedor e o profissional de marketing a confirmar ou rejeitar hipóteses.

Conheça algumas ferramentas que você pode usar em suas pesquisas:

1. Google Keyword Planner

Uma das ferramentas mais usadas por especialistas em marketing digital. O Keyword Planner é um recurso gratuito integrado ao Google AdWords. Ele te ajuda a encontrar as palavras que um determinado público está buscando no Google. A ferramenta fornece estatísticas para cada termo, incluindo volume de pesquisa e o custo médio estimado por clique. Pode ser muito útil durante as fases iniciais do brainstorming, mas não deve ser a única ferramenta usada na pesquisa.

2. Übersuggest

Uma ferramenta de sugestão de palavras-chave. Utiliza dos dados do Google e de outros buscadores, bastando apenas colocar o termo que se tem em mente e adicionar uma letra ou número na frente dele. Dessa forma, se consegue extrair sugestões de uma só vez. Em outras palavras, o Übersuggest faz as tarefas repetitivas de busca de palavras-chave de forma automática. Também é muito útil para pesquisa de palavras-chave de "long-tail", frases mais específicas e reveladoras.

3. Survey Monkey

A plataforma permite que você crie questionários e os envie por e-mail durante a pesquisa. A versão gratuita inclui 10 perguntas por questionário e até 100 respostas para cada uma. Gera gráficos e tabulação de forma automática. A versão paga, que custa a partir R$ 299,00 reais ao ano, dá acesso a formulários e respostas ilimitados e permite cruzar os dados colhidos. Os questionários também podem ser enviados por meio de aparelhos móveis, pela web ou via mídias sociais.

4. Google Forms

Uma opção de formulário do Google que pode ser customizado e enviado aos entrevistados. O serviço é bastante útil para quem deseja preparar uma enquete rápida, coletar endereços de e-mail e criar questionários mais elaborados. Neste caso, é preciso saber interpretar e cruzar os dados, pois o serviço só reúne as respostas.

5. Sua pesquisa

Uma versão brasileira do Survey Monkey que permite fazer questionários, espalhar a pesquisa e coletar os dados para a tomada de decisões. Há uma versão gratuita disponível que concede o envio de formulários com até 30 respostas. É possível cruzar os dados. Um modelo básico de formulário já vem pronto com exemplos de questões referentes ao tipo de aplicação escolhida, e você pode alterá-los de uma forma fácil e intuitiva, conforme a necessidade.

6. Redes sociais

Usar as suas redes sociais para coletar dados é uma excelente opção. O principal cuidado, nesse caso, é a escolha de quem será o público. De qualquer forma, os caminhos são participar de grupos sobre o tema e interagir, com autorização, fazendo perguntas pontuais e promovendo questionários abertos através do Facebook Ads. O LinkedIn Discussion, espaço de discussão do LinkedIn, também pode ser muito útil para percepções sobre o que o público necessita e deseja. O Facebook também oferece todo o perfil demográfico dos fãs de uma página: idade, sexo, região geográfica, horários em que usam o site, entre outras.

7. Grupos de interesse

Grupos em redes sociais, como o Facebook, em geral reúnem pessoas com interesses e problemas em comum. Por conta do distanciamento que a internet proporciona e da sensação de estar protegido por uma identidade digital, as pessoas costumam se manifestar mais livremente em redes sociais, especialmente dentro de grupos dos quais se sentem parte.

8. e-Bit, Secundados, IBGE

O uso de dados quantitativos prontos também acelera muito o entendimento da demanda e do tamanho do público-alvo. Fontes como e-Bit, Secundados e IBGE disponibilizam tabelas, dados e pesquisas prontas que permitem analisar e descobrir informações que economizarão tempo e recursos para a empresa. Se você quiser descobrir em quais estados estão os consumidores que mais compram pela internet no Brasil, por exemplo, estes dados poderão ser obtidos e cruzados em mais uma fonte, apenas utilizando dados secundários já coletados e tabulados.

Teste e descubra quais destas mais se encaixam em sua necessidade.

Como construir personas

Fazer marketing é trabalhar com público-alvo em mente todo o tempo. O público do produto é também o público do conteúdo, e em marketing de conteúdo costuma-se chamar este público-alvo de "persona", um termo que vem da área de experiência do usuário. Na área de internet marketing também se usa o termo "avatar", uma alusão às fotos usadas em redes sociais. Independente do nome, o que importa mesmo é que o arquétipo do comprador ideal precisa ser conhecido pela empresa.

Uma persona é a representação do seu cliente ideal. É a definição de um cliente típico, com as características dos consumidores, seus desejos, aspirações, problemas, demandas latentes e ocultas. Para criar conteúdo útil para os seus leads e futuros clientes, e também para seus clientes atuais, é fundamental que você compreenda como cada persona se caracteriza, como se comporta e em quais variáveis estão envolvidas em seus processos de decisão.

A construção de personas precisa estar fundamentada em dados analíticos, e nunca em palpites. É possível utilizar os dados do Google Analitycs, determinando como as pessoas pesquisam e chegam ao seu site, mas a melhor forma de descobrir realmente o perfil do seu público é conversando com ele. Só assim é possível fugir de personas estáticas e inflexíveis e construir arquétipos a partir de informações valiosas o suficiente para mapear necessidades em torno do ciclo de compra.

É sempre interessante elaborar mais de uma persona, principalmente se a empresa trabalhar com vários produtos ou serviços para diferentes públicos. Em alguns casos, há vários perfis de público diferentes para uma empresa, como no caso do mercado B2B, que possui grupos diferentes dentro do processo de compra, como analistas, influenciadores, compradores, gerentes, diretores. É importante considerar, dessa forma, as personas que entram no processo de compra em momentos diferentes e suas respectivas preocupações.

Se você tem pouco tempo, poucas informações ou uma empresa pequena, vá com calma. Eleja alguns perfis principais, de duas a três personas para orientá-lo nessa primeira abordagem. Concentre-se nos usuários finais e comece a busca por dados. Não é recomendável trabalhar com mais de cinco personas, a menos que seja realmente necessário. Os conjuntos de preferências dos clientes tipicamente cabem bem entre duas e cinco personas.

Construindo personas fiéis à realidade

e realmente úteis para o trabalho de marketing

1. Realize pesquisas e entrevistas com os novos clientes (eles estão mais "quentes" e com a memória fresca sobre o que procuravam ao encontrar sua empresa).

2. Se você possui clientes fiéis, entreviste-os e descubra o que os mantém fiéis ao seu negócio.

3. Considere a contratação de uma empresa de pesquisa conforme o seu orçamento. Uma visão externa pode iluminar pontos cegos para a equipe interna, agregar experiência de pesquisa ao processo e superar barreiras culturais inerentes à cada empresa.

4. Envolva-se com líderes e comunidades do setor para captar necessidades.

5. Analise os cadastros que tiver buscando padrões: dados comportamentais, funções, interesses, formação técnica, influenciadores.

6. Avalie o posicionamento da empresa em relação ao seu público-alvo: você está vendendo o que seus clientes querem comprar ou que sua empresa quer vender?

No geral, uma pesquisa de público envolve o conhecimento da região geográfica, faixa de renda, sexo, necessidades, desejos, padrão de consumo, interesses (esportes, animais, viagens, por exemplo). Quanto mais informações você coletar, mais fácil será para definir as práticas de marketing e de comunicação como um todo. Preencha uma ficha sobre cada persona e comece com sexo, idade, região geográfica e faixa de renda. Depois vá detalhando:

- Área de trabalho.
- Cargo e faixa de renda.
- Quais assuntos são de seu interesse.
- Quais veículos de comunicação costuma consultar.
- Trabalha diretamente com…
- Tarefas diárias.

- Responsabilidades.
- Prazeres/ desprazeres no emprego.
- Frustrações.
- Pontos de dor.
- Necessidades.
- Objetivos.
- Quem influencia diretamente suas decisões.
- Papel no processo de compra (depende do público-alvo, influenciadores, etc.).

A partir da análise, pense no que pode ser uma barreira para a persona se conectar à sua marca, como questionamentos com relação ao produto ou serviço, credibilidade, experiências anteriores, etc. Antes de começar seu próximo projeto de conteúdo, olhe atentamente para as personas e elabore conteúdos que eliminem tais barreiras e que reflitam os interesses das personas.

Passo a passo para

criar uma persona

1. Defina a quantidade de personas

Alguns negócios precisam apenas de uma persona, pois o segmento de mercado é mais restrito. No entanto, há outros negócios que têm a necessidade de criar mais personas, pois diferentes públicos precisam ser impactados. O importante é ter equilíbrio. Os perfis criados devem ser suficientes para representar os potencias clientes dos produtos ou serviços que você oferece.

2. Estabeleça as características básicas

Pode parecer bobagem, mas as características primordiais são essenciais, pois homens e mulheres se comportam de maneiras diferentes e pessoas com faixas etárias distintas tem visões diferenciadas, pois cada geração tem características em comum. Num geral, defina:

- Nome.
- Ocupação e outros dados profissionais.
- Idade.
- Gênero.
- Abrangência geográfica.
- Educação.
- Filhos.
- Salário/renda familiar.
- Hobbies.
- Outros.

No caso de produtos focados em B2C, gênero e estrutura familiar são importantes. Em produtos B2B, essa informação é praticamente irrelevante. Mas cabe a você analisar criticamente quais informações se aplicam e quais não se aplicam ao seu caso.

3. Entenda as necessidades das personas

Entender as necessidades das personas é fundamental para que você possa oferecer soluções adequadas. Nessa etapa é importante entender a persona como um todo, desde suas características básicas como as mais intrínsecas, e de que forma o empreendedor ou profissional de marketing vai lidar com elas. Mais à frente, teremos várias perguntas que orientarão este processo.

4. Descubra as demandas das personas

O empreendedor ou o profissional de marketing precisa entender quais os problemas que o serviço ou produto se propõe a solucionar. As necessidades podem ser desconhecimento de certa ferramenta, falta de tempo, organização de informações, automatização de processos, melhoria da autoestima ou qualquer outra que precisa de uma solução. Compreender isso é a base para entender as atitudes de resistência que o futuro consumidor possui e como eliminá-las.

5. Defina as soluções que poderão ser oferecidas

Um negócio não vende apenas produtos ou serviços, mas soluções para problemas. Ao criar a persona, tenha e mente que a sua solução deve resolver o problema dela. Isso vai tornar o processo de vendas muito mais fácil e eficiente.

Uma das melhores fontes de informação para construir a simulação do seu cliente ideal, como já sugeri neste capítulo, é realizar pesquisas nas redes sociais da empresa como Twitter, Facebook, Instagram, LinkedIn, Pinterest. Aliás, o Facebook possui um recurso chamado Graph Search que permite compreender os interesses do seu público. Não descarte essa informação.

Mas a melhor de todas ainda é, e sempre será, a conversa franca e direta. Quando um cliente entra na loja, ou chega no balcão, ou se cadastra no site, ou inicia um chat online, são momentos fundamentais para responder às dúvidas deles e "provocá-los" com perguntas para entender o que está por trás da demanda deles. O que te trouxe aqui? Qual a forma de eu te ajudar a escolher a melhor alternativa? O que realmente importa para você? O que você quer ou precisa resolver? O que está te deixando em dúvida para tomar a sua decisão? Perguntas poderosas para ler a mente dos seus clientes.

Entrevistas com

as personas

Um dos maiores erros que você pode cometer, é criar sua estratégia de marketing de conteúdo com um conhecimento superficial de quem são os seus clientes. Você pode acabar atingindo um público muito amplo desnecessariamente. E isso quer dizer gastar mais dinheiro do que pretendia. Só há uma forma de evitar isso: dedicando tempo na criação de sua persona.

Uma pesquisa realizada pela Understanding B2B Buyers, "Entendendo os Clientes B2B", em português, revelou que de cada dez empresas B2B que não alcançaram suas metas de receita e de geração de leads, sete não fazem entrevistas com clientes. Mas as empresas que geram mais resultados e atingem mais facilmente suas metas são as que fazem entrevistas.

Para isso, habitualmente, utilizam-se cinco fontes de informações:

1. Entrevistas qualitativas com clientes e não-clientes.

2. Entrevista com time de executivos da própria marca.

3. Entrevista com pessoal de vendas.

4. Dados de CRM.

5. Entrevista com profissionais de clientes bem-sucedidos.

Mas quem deve ser entrevistado?

1. Os clientes

Sua base de clientes é o lugar perfeito para começar as entrevistas. Afinal, ela é formada por pessoas que já compraram seu produto e estão envolvidas diretamente com sua empresa. E é importante que tanto "bons" quanto "maus" clientes sejam entrevistados. Não basta apenas falar com as pessoas que amam o que você faz. Isso pode parecer ótimo, mas não é suficiente. Os clientes insatisfeitos com o produto servem para mostrar outros pontos que irão ajudá-lo a formar algo mais sólido.

Os clientes geralmente gostam de ser ouvidos. Entrevistá-los lhe dá uma chance de saber mais sobre seus desafios e o que eles pensam sobre o seu produto ou serviço. Sem contar que, ao envolvê-los em entrevistas, eles tendem a ser tornar ainda mais leais à sua marca.

2. Os clientes potenciais (prospects)

É muito importante equilibrar as entrevistas com pessoas que não compraram seu produto. Você já tem as informações de contato dos leads e clientes potenciais atuais. Use-as ao seu favor. Realize o questionário com base nos dados que você tem sobre eles (qualquer coisa que você já obteve através de formulários de geração de leads ou análise de websites) para descobrir quem poderia caber em suas personas-alvo.

3. Referências

Você também precisa contar com algumas referências que podem se encaixar em suas personas. Especialmente se você estiver buscando clientes para novos mercados ou não tem quaisquer ligações ou clientes ainda. Nesse caso, observe sua rede de contatos. Amigos, familiares, colegas de trabalho e contatos de mídia social podem ser entrevistados.

Pode ser difícil obter um grande volume de pessoas dessa maneira, mas é provável que você consiga algumas entrevistas de qualidade. Se não sabe por onde começar, tente, por exemplo, procurar no LinkedIn pessoas que se encaixam no perfil de consumidor do se produto.

Que perguntas

devem ser feitas?

Vou apresentar agora um roteiro com questões que você pode fazer em entrevistas com o público antes de formar suas personas. Existem outras categorias diferentes de perguntas que você pode usar na hora da pesquisa, mas essas serão fundamentais em muitos casos. O questionário vai te dar uma ideia mais clara sobre quais perguntas a serem feitas. Não é necessário responder a cada item ou pergunta. Se um determinado item não for relevante para o seu caso, pule-o. Algumas perguntas são bem difíceis de responder, mas ao encontrar a resposta, você estará cada vez mais "dentro da mente" do seu cliente ideal.

Características pessoais

- Faixa etária.
- Família.
- Salário.
- Localização geográfica.
- Educação (Fundamental, Ensino Médio, Graduação, Pós-Graduação, Internacional).
- Formação educacional: onde estudou?
- Descrição de carreira: como veio parar onde está hoje?
- Para onde pretende seguir? Que interesses o movem?

Cargo

- Qual é o cargo da persona?
- Como o trabalho da persona é medido?
- Como é um dia típico na vida desta persona?
- Que habilidades são necessárias?
- Qual conhecimento e ferramentas esta persona usa?
- Para quem a persona se reporta?
- Quem se reporta à persona?

Função

- Qual é a sua função? Seu título?
- Como o seu trabalho é medido?
- Como é um dia típico em seu trabalho?
- Quais são as habilidades necessárias para fazer o seu trabalho?
- Qual o conhecimento e quais as ferramentas usa em seu trabalho?
- O que significa ser bem-sucedido em seu papel?

Empresa

- Qual é o tamanho da empresa (receitas, funcionários)?
- Em qual segmento a empresa da persona está inserida?
- Qual segmento de mercado a empresa da persona atende?
- Qual é o tamanho da empresa?

Desafios

- Quais são os seus maiores desafios?
- Como supera esses desafios?
- Como você pode ajudá-la a superar estes desafios?

Conhecimentos e informações

- Como aprende sobre novas informações para o seu trabalho?
- Que publicações ou blogs que lê?
- De quais associações e redes sociais participa?

Preferências comerciais

- Como prefere interagir com os fornecedores (e-mail, telefone, pessoalmente)?
- Usa a internet para pesquisar fornecedores ou produtos? Se sim, como procura as informações?
- Descrição de uma compra recente: por que considerou realizar essa compra? Como foi o processo de avaliação e como decidiu comprar o produto ou serviço?

Objetivos

- A persona é responsável pelo quê?
- O que significa ser bem-sucedido para ela?
- Quais são seus pontos de dor (problemas que a incomodam seriamente)?
- Como sua empresa, produto ou serviços resolve esta dor?
- O que ela mais valoriza?
- Quais são as metas que ela precisa atingir?
- Qual experiência procura quando busca um produto ou serviço como o seu?
- Quais são as maiores objeções em relação ao produto ou serviço?
- Qual meta está almejando alcançar quando busca pelo seu produto ou serviço?
- O que ela valoriza mais ao selecionar um fornecedor?

Dores (aspectos psicológicos)

- A sua persona sabe que tem um problema?
- Caso sua persona não saiba que tem um problema, como mostrar para ela que ela tem essa dor?

- A sua persona tem consciência de que você sabe que ela tem um problema e que você sabe como resolvê-lo?
- Quais as consequências futuras de não resolver o problema logo?

Preferências comerciais

- Como a persona prefere interagir com os vendedores?
- Ela usa a internet para pesquisar fornecedores ou produtos?
- Quais são os tipos de sites que ela usa?
- Papel no processo de compra (comprador, usuário, decisor, financeiro).

Ciclo de compra

Aqui você deve descrever o processo que sua persona percorre, do momento em que pesquisa sobre a solução, até conhecer mais a respeito, buscar soluções, comparar e encontrar o produto ideal. O que ela precisa em cada um desses momentos e como seu conteúdo poderá atender?

Apelos de venda (quais os benefícios da sua solução para o problema sob a ótica da sua persona)

Enumere quais os argumentos, diferenciais e a proposta de valor de seu produto ou serviço.

Pontos de conexão

Entre as dores, desafios e problemas da sua persona, quais apelos de venda conectam melhor o problema com a solução?

Antes de seguir para o próximo capítulo, uma dica:

Busque analisar e compreender como sua persona se identificaria num formulário ou landing page. Crie um campo com alternativas pré-definidas, onde a persona possa dizer facilmente quem ela é, em meio às alternativas criadas por você. Esta é uma boa forma de validar se elas correspondem à realidade ou não.

Os diferentes

tipos de personas

Antes de toda essa revolução protagonizada pelo conteúdo, o site institucional já era usado para fazer negócios de uma forma mais primitiva, estática e com poucos resultados. Um site empresarial funcionava como um cartão de visitas online, onde o visitante tinha acesso ao endereço, telefone, fax e outras informações de contato. Servia como uma espécie de porta de entrada do cliente para a empresa, mas agregava pouco valor, quando agregava algum.

O conteúdo institucional soava frio e pouco atrativo, relevando missão, visão e valores, mostrando uma lista de produtos e serviços da empresa, mas não proporcionando nenhum tipo de relacionamento. O marketing de conteúdo veio para mudar isso. Hoje, principalmente através dos blogs, é possível um site institucional gerar mais valor para quem o está visitando.

Há quem diga que o site institucional deve ser evitado. Mas esse é um pensamento um tanto extremo. Um website corporativo ainda tem seus méritos, principalmente no setor B2B, onde os processos costumam ser mais formais. Há empresas trabalhando apenas com blogs e gerando muitos resultados. Outras não tem blog ainda, mas já entenderam o poder do conteúdo e estão criando relacionamento com clientes através das redes sociais e canais no YouTube. Mas, nesse caso, tudo em algum momento leva ao site institucional.

A coisa pode funcionar bem de diversas formas, desde que se saiba conduzir bem o conteúdo. No entanto, um site institucional com blog tem uma grande vantagem em relação ao SEO. O conteúdo lançado no blog para atrair, engajar e educar os leads acaba gerando tráfego para todo o site. Sem contar que tudo em uma plataforma só, facilita muito o trabalho de quem vai administrá-la. Esses são pontos que todo responsável pelo conteúdo precisa considerar antes de decidir trabalhar com um blog corporativo junto ou separado do site institucional.

Estando isso bem resolvido, é preciso pensar também nos diferentes tipos de stakeholders (um nome sofisticado com significado muito similar ao de personas) que o seu site institucional vai alcançar. O setor universitário é um dos que mais possui personas diferentes. Há o vestibulando (1), o sujeito que vai decidir ou não pela universidade que irá fazer. Ele é influenciador, mas não o tomador de decisão, pois quem toma decisão em geral são os pais dele, que pagam a mensalidade. Em seguida, temos o graduando (2), que pode ser o tomador de decisão ou não, e que também pode ter que se submeter à influência dos pais por não ter renda suficiente ainda. Os pais dos alunos vestibulandos e graduandos vem logo após (3). São personas com as quais a instituição de educação deve se comunicar. Não podemos nos esquecer do pessoal da pós-graduação, do MBA, do mestrado e do doutorado (4).

Todas elas são personas com interesses diferentes. Alguns são corporativos, outros são acadêmicos, alguns estão estudando para se desenvolver na carreira, outros para lecionar ou para se tornar pesquisadores. Pensa que acabou? Temos ainda os "Alumni" (ex-alunos) (5), que podem não voltar a ser clientes, mas podem ser indicadores da instituição. Além deles, há a imprensa (6), que dependendo do tamanho da universidade, pode ser outra persona relevante. E por fim, temos a comunidade (7) em torno da empresa de educação: hospital universitário, clínica odontológica, clínica jurídica, laboratórios, empresa júnior, todos serviços que uma universidade tipicamente presta à população para que seus alunos adquiram prática profissional. Toda essa comunidade também precisa de um relacionamento com a universidade, exigindo a produção de conteúdo específico para isso. São pelo menos 7 personas diferentes. Isso porque não incluí na lista os professores (8) e os funcionários da universidade (9), o que somaria 9 personas diferentes.

Ao pensar na estrutura do seu site, o responsável pela estratégia precisa pensar em todos esses públicos. O exemplo nos mostra que uma plataforma precisa ser construída com o pensamento voltado em como o conteúdo será criado para todas as personas que o negócio possa ter. Cada persona possui demandas, metas individuais e métricas de sucesso diferentes. Para os vestibulandos, a mensuração final deveria focar em matrículas. Mas e para a imprensa, ex-alunos, os funcionários?

Não é à toa que hoje quem mais investe em consultoria são as instituições do setor de educação. As mesmas avalanches de inovações e transformações que afetaram o mercado fonográfico (as gravadoras), o mercado cinematográfico, mercado editorial e o mercado de classificados, só para citar alguns exemplos, também afetam o mercado de educação. Instituições com décadas de vida, eventualmente com séculos de vida (não é o caso no Brasil) agora são desafiadas a se adaptar aos novos tempos. Planejar um site não é um trabalho fácil. Por isso existem arquitetos de Informação.

Não utilizei este exemplo aqui à toa. Este exercício de compreender as personas, suas demandas e como será medido o sucesso do conteúdo criado para elas é o que realmente irá diferenciar uma estratégia de sucesso de uma prática comum.

Neste capítulo você viu:

- Através da pesquisa de personas é possível obter informações relevantes sobre os interesses, as demandas, a área de atuação e a forma de comprar dos seus clientes.

- Existem ferramentas de pesquisa que permitem conhecer as palavras que seus clientes usam ao fazer buscas no Google e na internet, mas é fundamental ir além: interagir com os clientes em grupos de interesse, redes sociais e analisar dados secundários sobre tendências de comportamento e consumo.

- Construir personas fiéis à realidade e que sejam realmente úteis para o trabalho de marketing é a primeira iniciativa a ser feita para um bom trabalho de marketing de conteúdo.

- O passo a passo para criar uma persona:
  - Defina a quantidade de personas.
  - Estabeleça as características básicas.
  - Entenda as necessidades das personas.
  - Descubra as demandas das personas.
  - Defina as soluções que poderão ser oferecidas.

- Um dos maiores erros que você pode cometer, é criar sua estratégia de marketing de conteúdo com um conhecimento superficial de quem são os seus clientes. Você pode acabar atingindo um público muito amplo desnecessariamente. E isso quer dizer gastar mais dinheiro do que pretendia. Só há uma forma de evitar isso: dedicando tempo para entrevistar pessoas reais que representam as personas que você mapeou anteriormente.

- As perguntas devem ser feitas sobre cada área: características, cargo, função, empresa, desafios, conhecimentos, preferências comerciais, objetivos, dores, ciclo de compra, apelos de venda, pontos de conexão.

- Em alguns casos pode ser necessário ter muitas personas, como numa Universidade, mas em geral um número de 3 a 5 personas é suficiente.

_ Capítulo 4

Estratégia e planejamento de conteúdo

"Crie momentos de inspiração que estimulem as pessoas a entrar numa jornada."

_Andrew Davis

Estratégia de conteúdo pode ser definida como o planejamento, desenvolvimento e gestão de conteúdo. O termo vem sendo utilizado por profissionais de desenvolvimento web desde o fim da década de 1990 e funciona dentro do campo da experiência do usuário. Também atrai interesse de áreas relacionadas, como gerenciamento de conteúdo, análise de negócios e comunicação técnica. Em outras palavras, estratégia de conteúdo é a prática de planejar, criar, entregar e gerenciar conteúdo útil e interessante a um público-alvo específico. O conteúdo produzido pode ser tudo o que pode ser consumido online, disponibilizado em diversos canais, como sites, blogs, redes sociais, entre outros.

Geralmente quando se fala em estratégia de conteúdo, as pessoas costumam relatar o que pretendem lançar (formato) e onde (canal). Nesse caso, podemos exemplificar com uma série de artigos educativos em um blog da empresa, uma base de conhecimento online em um site corporativo, um canal ativo no YouTube, uma série de webinários, um perfil atualizado no Twitter e uma fanpage no Facebook. Mas a verdade é que isso tudo, mesmo que bem combinado, não é suficiente para formar uma estratégia. São apenas canais ou ferramentas de comunicação. A estratégia é a visão que deve amarrar todos os canais e ferramentas aos objetivos do negócio.

Kristina Halvorson* conceitua bem a área: "Estratégia de conteúdo é um plano de ação bem construído, articulado e possível de ser executado. Um mapa que nos tira de onde estamos e nos leva para onde desejamos estar". Hoje em dia, para que uma empresa cumpra seus objetivos, a estratégia de conteúdo precisa estar incluída no planejamento estratégico de marketing. Podemos organizar uma estratégia de conteúdo em 3 partes:

---

*O livro da autora, Estratégia de Conteúdo Para a Web é um dos mais completos relacionados ao assunto. Um título indispensável em sua biblioteca de marketing.

1. Criação

Definição de qual formato de conteúdo será produzido, publicado e porquê. A estrutura do conteúdo e como ele será encontrado (canais de distribuição e divulgação). A fonte do conteúdo (referência e pessoa responsável por criá-lo).

2. Entrega

Como o formato irá chegar online. Pessoa responsável por revisar, editar, aprovar, publicar (gestor ou editor). Como, onde e quando ele será entregue ao usuário (calendário editorial).

3. Gestão

Quem cuidará do conteúdo depois dele já ter sido lançado. O tempo que ele ficará disponível. O plano para atualizar, relançar, divulgar, alterar. Política, métrica e plano de avaliação geral do formato.

A Content Strategy Alliance, primeira empresa dedicada à estratégia de conteúdo do mundo define estratégia de conteúdo como "Promover o conteúdo certo para o usuário certo no momento certo". Isso deve ser feito através do planejamento estratégico de criação, entrega e gestão.

Alguns profissionais acabam confundindo os estrategistas de conteúdo com os editores. Mas a estratégia de conteúdo é "mais do que apenas a palavra escrita". Ou seja, é mais do que redação e publicação aleatória em multicanais. Muitos negócios acabam apenas publicando conteúdo sem entender a razão pela qual deveriam estar fazendo isso.

O professor Brett Atwood, da Washington State University explica que os profissionais responsáveis por uma estratégia de conteúdo precisam considerar como os formatos podem ser redistribuídos ou readaptados em outros canais de distribuição. Além do mais, os estrategistas de conteúdo devem se esforçar para alcançar a excelência, fazendo com que o conteúdo seja claro, compreensível, fácil de encontrar, acionável e compartilhável em todas as suas diversas formas.

O objetivo da estratégia de conteúdo é atingir metas de negócios, maximizando o impacto do conteúdo dentro dos canais digitais. Por isso digo que mais do que aprender a criar e usar ferramentas relacionadas, o profissional precisa conhecer bem o que está por trás do conteúdo a ser criado.

Uma estratégia de conteúdo de verdade não significa simplesmente produzir um monte de conteúdo, por melhor que ele seja. É preciso um roteiro para direcionar as publicações para metas, leads e engajamento. Como conseguir isso? Algumas marcas bem-sucedidas têm adotado a seguinte tática: focar em um único universo de conteúdo em torno de um assunto e trabalhar muito bem este assunto. A Red Bull é um exemplo quase clássico, que adotou essa estratégia em três etapas:

1. Definição de um tema pelo qual o público-alvo é apaixonado ou possui demanda ativa (neste caso, esportes radicais, disseminados pelas ações da empresa).

2. Concentração nesse assunto (não falar de tudo para todos).

3. Tornar-se referência no assunto (falar sobre ele melhor do que ninguém).

É comum que nas estratégias de conteúdo, as marcas tentem cobrir muitos assuntos ao mesmo tempo. Mas quase sempre isso termina mal. A marca acaba fazendo mais do mesmo: muito conteúdo, pouco realmente relevante. As publicações competem com a atenção dos meios tradicionais e acabam se perdendo em meio a tanta informação. A boa ideia é sempre se concentrar em um tema e criar um conteúdo incomparável sobre ele.

Provavelmente você já tenha ouvido algo como "Mostre-se como um expert no assunto". A frase aponta o caminho, mas é preciso ter realmente algo a dizer. O problema é que para dar conta de tanto a ser dito em tantos canais, a empresa acaba reproduzindo um monte de conteúdo medíocre e fora de contexto. Isso acontece quando a empresa se torna parte do barulho. O fluxo de informações é tão grande que acaba atrapalhando ao invés de ajudar. Com tantas fotos, textos, vídeos, áudio, opiniões, como sua empresa vai se destacar? A saída para esse marasmo é a criação de relacionamento. É preciso estabelecer uma conversa, ouvir as pessoas para ser ouvido. E nesse ponto, ter foco em um assunto só vai ajudar.

Círculo Dourado: definindo o porquê

O autor inglês Simon Sinek publicou o livro Starts With Why, lançado no Brasil com o nome de "Por Quê? – Como Grandes Líderes Inspiram Ação". Sinek ficou mundialmente famoso após sua apresentação no TED chamada de "The Golden Circle". Na data em que escrevi este trecho, o vídeo acumulava mais de 28 milhões de visualizações no site do TED, além de mais de 2 milhões de visualizações no canal do TED no YouTube. Se você nunca viu esta apresentação, digite "The Golden Circle" no Google e assista o vídeo legendado em português no site TED.com. Serão 18 minutos da sua vida muito bem investidos!

Desde que esta apresentação ganhou fama mundial, muitos profissionais de marketing têm utilizado a metodologia para analisar as campanhas e estratégias dos concorrentes e criar as suas próprias. O "porquê das coisas" é o que dá sentido e base para o sucesso de muitas marcas mundo afora. Simon explica como algumas empresas conseguem resultados que extrapolam todas as expectativas. Mostra porque a Apple revolucionou o mercado com o iPhone e com o iPod, sendo que haviam outras empresas com propostas parecidas.

O autor organizou as diferenças entre as empresas de sucesso e as que não tiveram o mesmo êxito e chamou o resultado de Círculo Dourado. O círculo, explicado de forma simples, nada mais é que um gráfico, em formato de alvo, que indica, do centro para fora, o porquê, o como, e o quê. Segundo a teoria, as pessoas costumam saber bem o que fazem, algumas outras também sabem como, mas apenas uma pequena parte sabe bem o porquê. E é justamente os que sabem o porquê que alcançam o sucesso.

Steve Jobs e Martin Luther King dedicaram-se à realização de sonhos bem diferentes, mas tinham duas coisas em comum: uma estratégia de longo prazo e cumplicidade com a comunidade que queriam conquistar. Além do mais, pensavam, agiam e se comunicavam da mesma forma, sempre de acordo com os sonhos. Isso faz toda diferença.

As esferas que compõem o Golden Circle são:

WHY: Explica o porquê você faz o que faz, qual é o seu propósito, ou seja, o significado de tudo. Por que a sua empresa existe? Qual é a causa maior? Por que você levanta e sai da cama todos os dias? Qual é a real motivação?

HOW: Diz respeito ao como você faz as coisas. Esse ponto pode ser entendido como os objetivos, as ações práticas e concretas que farão você alcançar o seu propósito. Aqui entram as crenças e valores que você tem.

WHAT: O que você efetivamente faz ou vende. Essa questão acaba sendo fácil de ser respondida porque quase 100% das pessoas e das organizações sabem o que fazem.

Diferente do que já se acreditava antes, os líderes e empresas mais inspiradoras partem do centro para fora do Círculo Dourado, e não de fora para dentro. Eles definem primeiramente o que acreditam, o que os faz agir. Dessa forma, conseguem se comunicar mais claramente, motivando as pessoas ao redor. Assim como você tem os seus propósitos pessoais, ao criar uma empresa, ela também deve ter uma "razão de existir".

Dizer que a sua empresa é a melhor do mundo não é de fato tão inspirador e suficientemente capaz de levar o seu consumidor à ação. A maioria das empresas fazem isso. Deixam claro como e o que vendem, mas na maioria dos casos, não sabem o porquê. Quando as empresas se comunicam começando de dentro para fora, isto é, começando pelo porquê, aquilo que fazem não funciona mais como razão da compra ou escolha. A causa se torna a protagonista e todo o resto fica "fácil". Inclusive, o conteúdo que a empresa cria.

Tendo como base o Círculo Dourado, comece sua estratégia de conteúdo com a marca e a mensagem. Em relação à marca, não quer dizer que você deva apenas aplicar tal promessa no máximo de lugares possíveis. Você não pode simplesmente escrever coisas como "Somos a empresa X e trabalhamos comprometidos com y e z" em um monte de lugares. As pessoas não estão nem aí para isso. Certifique-se de sempre falar sobre o que sua marca pode fazer e não sobre o que ela é.

O que sua mensagem ajuda seu conteúdo a conseguir é coordenar a história e a estrutura. Se sua mensagem não se relaciona com qualquer objetivo, é preciso revê-la. Se ela se relaciona com um único objetivo, está razoável. Mas se está relacionada com vários objetivos, você tem uma mensagem poderosa e isso vai te ajudar a lançar conteúdo de sucesso.

Mas que fique claro...

Sua mensagem não é o conteúdo. Esta é uma afirmação-chave. Você não precisa brigar consigo mesmo para descobrir que palavras e frases você deve aplicar em sua mensagem. Apenas capte a ideia central. A mensagem é a base para o que acontece. Seu conteúdo pode ser específico e eficiente, mesmo que sua mensagem não fique tão explícita. A mensagem, ou seja, o porquê do seu negócio, ficará implícito dentro do seu conteúdo e ajudará a criar um posicionamento forte na mente dos seus leitores, leads, clientes e funcionários.

Se isso não é marketing, eu não sei o que é!

10 questões
que permeiam uma
estratégia de
conteúdo eficiente

Veja abaixo uma lista de dez perguntas que vão te ajudar a responder por onde começar seu plano de ação:

1. Qual é o seu objetivo?

Para começar, pense nos objetivos da marca como um todo. E depois nas necessidades, problemas a serem resolvidos e objetivos a serem conquistados pela empresa. Desse ponto, defina os objetivos de marketing. Sua empresa quer mais proximidade com o público, melhorar o relacionamento, aumentar a audiência, gerar mais leads, fechar mais vendas? Definir KPI's claros é fundamental para saber o que medir e onde investir os esforços.

2. O que você vende?

Que produtos ou serviços a empresa comercializa? E que valores agregados existem nesses produtos? Qual é imagem que a empresa deseja transmitir? Quais os benefícios percebidos do ponto de vista do cliente? O que seus clientes querem da sua empresa?

3. O que seus clientes querem de você?

É fundamental saber o que os clientes almejam quando adquirem seus produtos, o conteúdo precisa ser bem direcionado para o público que o consome. Falar sobre a empresa é umbigocêntrico, se esforce para escrever de forma a resolver os problemas de seus clientes.

4. Qual a sua história?

Qual a mensagem da empresa? A essência? O porquê de o negócio existir? Independente do "roteiro", o herói da história em algum momento é o cliente. Ele deve se tornar melhor e atingir as metas ao usar aquilo que você vende. Como você torna o seu herói um sujeito de sucesso?

5. O que você tem a dizer?

Concentre-se no ponto-chave em que seus objetivos se cruzam com as necessidades do público. Decida quais os tópicos em que a empresa irá concentrar o conteúdo. Como o seu propósito se conecta ao propósito de seus clientes?

6. Qual é o tipo de conteúdo necessário para sua marca em cada etapa do processo de venda?

Estabeleça os requisitos do conteúdo para o público em cada etapa do funil de compra. Eduque o público, preparando-o para o momento da decisão, faça conteúdo para a hora da compra, depois da compra realizada, produza algo que facilite a fidelização, o relacionamento e o suporte. Lembre-se que consumidores que gostam do que compraram indicam e recomendam. Não abandone seus clientes após a venda.

7. Como seu conteúdo será distribuído?

Que métodos, canais e formatos se encaixam melhor para compartilhar o conteúdo com seu público? Essa análise deve ser criteriosa e não se limitar somente às redes sociais da moda, por exemplo. Considere outras redes que fazem parte do contexto de mercado da sua empresa.

8. Como sua marca será encontrada através da pesquisa?

Como o seu conteúdo será encontrado? Rastreie comentários, resenhas, avaliações, reclamações (atenção para sites do tipo Reclame Aqui). Como o público percebe a sua presença na rede? Investigue suas oportunidades e ameaças e atue sobre elas. Você já buscou as palavras-chave que seus clientes usam para descrever o seu negócio para saber o que eles andam lendo sobre a sua empresa?

9. Como você vai fazer isso acontecer (cronograma de trabalho)?

Decididos os objetivos, canais de distribuição e tipos de conteúdo, como você vai colocar isso em prática? Esse é o momento do cronograma, do planejamento, da estratégia de conteúdo. Defina calendário editorial, planejamento de atividades, ferramentas a serem usadas para a mensuração e divisão de responsabilidades na equipe.

10. Como você vai mensurar os resultados?

Essa é uma parte muito importante para atuar na avaliação do que foi realizado e no planejamento das ações futuras. Metas e a medição dos resultados em tempo real. Não adianta conquistar muita audiência e não fazer vendas, fazer barulho e não gerar resultados. Falarei mais sobre métricas num capítulo adiante.

Uma estratégia de conteúdo sempre leva algum tempo para dar resultado. É para o médio e longo prazo. O pessoal da Resultados Digitais costuma chamar o começo da produção de conteúdo, onde o esforço é grande e os resultados pequenos, de "vale da morte". Quem desiste ali acha que não vale a pena. Mas quem supera o vale não se arrepende! Em suma, é preciso documentar a estratégia "na parede", de forma que ajude a manter o foco nas ações planejadas. Embora exista algum imprevisto positivo e necessário (para aproveitar hypes, por exemplo), ter um plano sempre dá certo.

Agora você já sabe por onde começar. Não é tão fácil como parece, mas se bem executada, a estratégia de conteúdo traz muito retorno.

A coisa não para aqui. Tem mais nas próximas linhas.

Auditoria de conteúdo

Nem sempre mais conteúdo é sinônimo de mais tráfego. As coisas não são bem assim. O Google foca mais em qualidade do que em quantidade porque está sempre buscando otimizar os resultados de busca. Conteúdos de baixa qualidade, duplicados, muito curtos, e na maioria sem nenhuma relevância, são cada vez mais alvos de penalidades que podem fazer com que seu site caia ou nunca mais apareça nas páginas de pesquisa. O Facebook e o LinkedIn também privilegiam a qualidade para determinar qual conteúdo irá atingir muita gente e quais outros ficarão lá, quase invisíveis.

Um ponto fundamental na estratégia, e que você não deve negligenciar, é a auditoria. Ela é a base para manter as coisas no trilho. Uma boa auditoria te ajuda a evitar que seu conteúdo fique perdido e que seu site seja punido como explicado no parágrafo acima.

Posso afirmar que não há estratégia de conteúdo sem auditoria, porque se não sabe exatamente o conteúdo que tem hoje, você tem um problema. Antes mesmo de começar a pensar sobre qual conteúdo você precisa, é preciso entender exatamente o que você já tem. E não há outra forma mais eficiente de saber isso a não ser através da auditoria de conteúdo. Ela permite um levantamento completo do conteúdo que sua empresa possui online atualmente. Pode parecer complexo, demorado e entediante, mas os resultados são consideráveis.

Uma das grandes vantagens da auditoria, talvez a maior, é ter o controle do que realmente precisa ser publicado. Quando você cria uma planilha para listar páginas, links, infográficos, vídeos, PDFs e outros formatos de conteúdo já produzidos, você tem uma visão clara sobre as falhas da estratégia. É bom deixar isso bem definido antes de começar esse trabalho, pois quanto mais clareza houver, mais os objetivos serão mais bem alcançados.

Daí você pode perguntar: "Eu realmente preciso observar todo conteúdo lançado pela minha empresa?" A resposta é sim. Gerry McGovern no livro Killer Web Content (Conteúdo Matador para Web) explica: "Encontrei muitos sites que possuem um primeiro nível com conteúdo de grande qualidade. Contudo, quando você desce alguns níveis, tudo muda. É como ir de um hotel luxuoso diretamente para um depósito de lixo".

Não preciso dizer mais porque você precisa fazer uma auditoria do conteúdo do seu site, não é mesmo? Por mais dolorido que seja, essa é a etapa do trabalho que mostra a você e a sua equipe o que precisa ser eliminado, revisado e transformado. Para facilitar a compreensão sobre auditoria, vou te apresentar os tipos de auditoria que você pode fazer:

1. Auditoria quantitativa

Uma auditoria de conteúdo quantitativa é basicamente um índice de tudo o que você tem. É o meio mais acessível para descobrir o que já foi produzido. Esse trabalho é ótimo para quando você quer descobrir o que exatamente seu site tem. Halvorson diz que pode ser uma "Vitória fácil quando você tem um tempo limitado para abordar com olhos de negócio ou se preparar para um futuro projeto web".

Analisar quantidade pode responder as seguintes questões:

- Qual conteúdo nós temos?
- Como ele está organizado?
- Quem o está criando?
- Onde ele está armazenado?
- Quais resultados ele vem gerando?

Esse mapa produzirá o seu estado atual. A partir daí você criará a sua visão sobre o estado desejado, quando for criar um novo site ou um canal de vídeos, por exemplo.

2. Auditoria qualitativa

Podemos compreender esse segundo tipo como uma continuação do primeiro. Listar todo o seu conteúdo será útil, mas em muitos casos não será suficiente. Analisar os aspectos qualitativos é, acima de tudo, medir a utilidade do conteúdo para a audiência. Essa análise visa mostrar se o conteúdo é útil, atrativo, agradável e apreciável para o público que o consome.

Algumas questões a serem respondidas na auditoria qualitativa:

- O que o conteúdo diz?
- O conteúdo é útil?
- O conteúdo é usado pela audiência?
- Fornece respostas às dúvidas dela?
- É escrito profissionalmente?
- Está no tom certo?

Esses dois tipos de auditoria em muitos casos serão suficientes para você saber exatamente o que precisa ser feito, no entanto, em outros casos, um terceiro modelo, a auditoria especializada, será essencial.

3. Auditoria especializada

Dependendo do seu tipo de negócio e do que ele pretende como empresa, será preciso mergulhar mais fundo nos aspectos relacionados ao conteúdo. Significa reunir informações específicas, que sejam fundamentais para que a missão empresarial e os objetivos estratégicos sejam realizados. Dependendo do projeto, você poderá incluir dados colhidos na auditoria especializada tanto nos inventários quantitativos, quanto nos qualitativos.

E o que deve ser analisado nesse tipo de auditoria?

- *SEO:* Saber se o conteúdo é encontrável, se as palavras-chave estão sendo bem utilizadas, se o conteúdo gera audiência e vendas.
- *Metadados:* Informação sobre informação: os conteúdos se completam, linkam entre si, geram ações por parte dos leads e clientes?
- *Localização:* Se o conteúdo chega a outras pessoas, se precisa de tradução, se está em conformidade com a cultura da empresa.

Legal tudo isso, mas o que eu faço com tanta informação? Comece rapidamente a mudar as coisas. Remova ou arquive conteúdo que seja ruim, elimine aquilo que não gera nenhum tipo de resultado, corte coisas, edite, enfim, mexa.

Você também pode simplesmente enviar os inventários para todos os envolvidos na estratégia de conteúdo. Assim todos terão uma visão geral das falhas e melhorias do projeto. E uma vez que a equipe esteja consciente das metas e falhas, todos poderão se engajar no planejamento e na implantação das mudanças necessárias.

Inventário de conteúdo

A ferramenta essencial em uma auditoria, seja num projeto novo ou já existente, independente do volume de conteúdo, é o inventário. Todo projeto precisa de um controle global documentado sobre os conteúdos do site. Inventário de conteúdo nada mais é que um documento com as informações, como títulos e URLs de cada página que você e sua equipe criam, editam e gerenciam. Você pode começar organizando de forma estruturada uma planilha, garantindo que cada seção dela liste o que você tem de conteúdo dentro do seu site.

Abaixo segue um modelo de Inventário de Conteúdo para você se basear:

Conteúdo	Descrição	URL	Tipo de Conteúdo	Tópico Abordado	Persona	Revisão	Data de Criação	Fase do Funil
Sobre a empresa	Texto institucional	www.site.com.br/sobre	Texto	Estrutura da empresa	Imprensa	Básica	13/abr/12	Consideração
História	Texto institucional	www.site.com.br/sobre/historia	Texto	História da empresa	Imprensa	Revisar SEO	13/abr/12	Consideração
Missão	Texto institucional	www.site.com.br/sobre/missao	Texto e Vídeo	Vídeo corporativo sobre os valores	Imprensa	Básica	13/abr/12	Consideração
Parceiros	Texto institucional	www.site.com.br/sobre/parceiros	Texto	Parceiros comerciais	Imprensa	Básica	13/abr/12	Consideração
Fundadores	Texto institucional	www.site.com.br/sobre/fundadores	Galeria de Fotos	Fotos antigas da empresa	Imprensa	Básica	13/abr/12	Consideração
Valores	Texto institucional	www.site.com.br/sobre/valores	Texto	Valores corporativos	Imprensa	Básica	13/abr/12	Consideração
Planos	Portfólio de serviços	www.site.com.br/planos-de-saude	Texto	Portfólio de planos de saúde	Todas as personas	Revisar	13/abr/12	Todas
Saúde Familiar	Texto comercial	www.site.com.br/planos/saude-familiar	Texto	Apresentação do plano	Personas Mães 1 e 2	Revisão Urgente!	13/abr/12	Avaliação/Decisão
Saúde Corporativa	Texto comercial	www.site.com.br/planos/saude-corporativa	Texto	Apresentação do plano	Personas RH 1 e 2	Revisão Urgente!	13/abr/12	Avaliação/Decisão
Saúde Bucal	Texto comercial	www.site.com.br/planos/saude-bucal	Texto	Apresentação do plano	Personas RH 2 e Mãe 2	Revisar	13/abr/12	Avaliação/Decisão
Seguro Saúde	Texto comercial	www.site.com.br/planos/seguro-saude	Texto	Apresentação do plano	Personas RH 1 e Viajante 1	Revisar SEO	13/abr/12	Avaliação/Decisão
Saúde Cooperada	Texto comercial	www.site.com.br/planos/saude-cooperada	Texto	Apresentação do plano	Persona RH 2	Revisar	13/abr/12	Avaliação/Decisão
Blog	Blog	www.site.com.br/blog	Post	Home do Blog	Todas as personas	Definir pautas	13/abr/12	Todas
Como escolher um plano familiar	Post	www.site.com.br/blog/saude-da-familia/como	Post	Post com foco no topo do funil	Personas Mães 1 e 2	Produzir	13/abr/12	Exposição/Descoberta

Calendário editorial

Você precisa assegurar a recorrência e a relevância de seus conteúdos, permitindo a entrega de informação com disciplina, no tempo certo para o público-alvo. Nesse contexto, toda empresa que desejar fazer a diferença no mercado precisa se valer de um calendário editorial. Nele é possível definir com antecedência o que será produzido, bem como estruturar outros pontos fundamentais de uma ação de conteúdo. Esta é mais uma etapa que não pode faltar em sua estratégia.

A ideia é criar um cronograma para definir os conteúdos que serão produzidos, desde a concepção até a divulgação. O documento vai te ajudar a obedecer as datas de publicação estabelecidas e a manter o compromisso com a audiência. Para você ter uma ideia mais clara, veja o que um calendário bem construído permite: controle das publicações; controle das responsabilidades da equipe; apontamento dos temas na necessidade do público; foco nos objetivos estabelecidos no início; definição de conteúdo a longo prazo.

Uma planilha básica de um calendário editorial de conteúdo define:

- Dias da semana em que o conteúdo será publicado.
- Público-alvo foco do conteúdo.
- Tema da postagem.
- Título da postagem.
- Detalhes da pauta.
- Link de referência (se houver).
- Palavras-chave.
- Categoria.
- Objetivo do conteúdo (ciclo de compra).
- Multimídia (imagens, vídeos, gráficos, recursos incluídos).
- Responsável pelo conteúdo.
- Prazos.

Inclua detalhes de necessidades próprias da sua empresa e aperfeiçoe o desenvolvimento do trabalho com o conteúdo.

Sendo ainda mais objetivo, pode ser definido:

Temas

Os temas a serem abordados no conteúdo. Lembre-se que uma das funções do marketing de conteúdo é educar os leads para a compra. Os temas escolhidos devem ajudar os leitores a resolver seus problemas comuns. Mas dependendo do caso, entretenimento e a informação também podem entrar no bolo.

Títulos

Os títulos são baseados nos temas gerais. Você pode pré-definir a quantidade de temas a partir do assunto principal de seu blog e ir explorando os títulos a partir das vertentes mais interessantes. Por exemplo, se o tema central do seu blog é economia, você pode dividi-lo em economia global, economia nacional, ações, derivativos. Os títulos com base em assuntos que formam "tentáculos" de cada categoria.

Quantidade

Se sua intenção é elaborar um calendário para os próximos 3 meses, lançando 4 posts por mês, por exemplo, terá o total de 12 posts mensais. Então, seu calendário precisará de 12 títulos previamente aprovados, o que pode variar conforme a estratégia. Você pode organizar outros formatos da mesma forma: 1 podcast por semana, um vídeo a cada 15 dias, um e-book por mês, etc.

Datas e horários

Nessa etapa você deve definir os dias e horários das publicações. Se você trabalha com 2 posts por semana, eles podem ser lançados nas terças e quintas-feiras, às 11hs, por exemplo. Isso pode ser definido previamente na construção da estratégia, mas é possível iniciar a produção mesmo sem ter a noção exata dos horários e dias. Na fase de divulgação, podem ser testados os melhores dias e horários.

Comunicação com o profissional de produção e mensuração de resultados

Quando há uma agência ou profissional produzindo seu conteúdo, é importante desenvolver uma boa comunicação com eles. A ideia é garantir maior organização no fluxo de produção e tornar o calendário editorial efetivo. Procure sempre estar em sintonia com os profissionais envolvidos, para que juntos desenvolvam uma produção eficiente.

Num geral, as pautas precisam ser desenvolvidas com antecedência, para entrarem em um briefing e serem produzidos dias antes da data da publicação. É bom deixar um espaço para a revisão e possíveis ajustes. O ideal é que quando chegue a data da postagem, o trabalho seja apenas publicar e divulgar. Após isso, deve-se esperar o ciclo definido se completar para medir os resultados.

Linha editorial
e tom de voz

Você já deve ter reparado que diferentes jornais trabalham com linhas distintas de pensamento. Alguns apoiam o governo, outros o atacam. Alguns defendem uma opinião, uma ideologia, outros desprezam e nem se manifestam sobre tais assuntos. Cada um desses meios segue uma linha editorial. Trata-se de uma política predeterminada pela direção do veículo de comunicação ou pela diretoria da empresa que determina a lógica pela qual a empresa jornalística enxerga o mundo. Ela indica seus valores, aponta seus paradigmas e influencia decisivamente na construção de sua mensagem.

No Brasil, o conceito de linha editorial é mais difundido para os veículos de comunicação off-line (revistas, jornais e outros periódicos). Já nos Estados Unidos, o editor, ou publisher, é designado para ser responsável pela linha editorial tanto em jornais como em sites e blogs. Este profissional é quem geralmente orienta como cada conteúdo tem que ser redigido, indicando quais termos possam ou não ser usados e qual a hierarquia cada tema terá na edição final.

É a linha editorial que diz que tipo de matérias entram ou deixam de entrar na publicação. Por exemplo, se uma publicação é de oposição ao governo, não vai entrar uma matéria que o defenda, mesmo que esta matéria tenha sentido, em alguns casos.

Em canais corporativos, também é recomendável criar e manter uma linha editorial que favoreça a estratégia do empreendedor ou da empresa. Esta é outra forma de começar bem. Planejar a sua linha editorial é definir sobre o que ele irá tratar "todos os dias".

Uma linha pré-determinada auxilia o Google avaliar seu blog como uma autoridade no nicho em que sua empresa atua. Outro propósito da linha editorial é criar uma voz para a opinião publicada, uma maneira de adiantar o leitor sobre o tipo de conteúdo encontrado no blog.

Basicamente, para ter uma linha editorial de sucesso, deve-se trabalhar com temas interessantes aos leitores. Mas é preciso ter sempre em mente que a maioria das publicações existe para vender alguma coisa: produtos, serviços, ou apenas servir como marca pessoal ou meio para gerar visibilidade.

No caso do marketing de conteúdo, as vendas precisam "acontecer de forma natural". Existe um processo, uma sequência, o que chamamos de jornada de compra ou funil de vendas. É o caminho que seu cliente passa até ter total confiança em sua marca. A linha editorial deve facilitar o trabalho do conteúdo na jornada, tornando-a atraente ao consumidor.

Tom de voz: elemento essencial

Este é um ponto que pouquíssimos leitores do seu blog irão perceber, mas é algo que não deve ser ignorado. O tom de voz auxilia na formação da identidade da marca, ajudando as pessoas a gostarem do conteúdo, entenderem e, finalmente, confiarem no que é dito.

Acertar o tom de voz é imprescindível para o impacto das publicações. É na escolha do tom de voz que muitas vezes estará o poder do seu conteúdo. Para construí-lo, você precisa pesquisar a abordagem que mais combina com sua marca e planejar como a conversa será desenvolvida.

Para gerar valor e introduzir qualidade no tom de voz de seu conteúdo, é preciso aplicar valores contrastantes. Veja os exemplos:

- Profissional, não acadêmico.
- Confiante, não arrogante.
- Inteligente, não charmoso.
- Safo, não pedante.
- Especialista, não didático.

A voz é o que gera impacto no consumidor. É o que fica registrado no subconsciente quando ele vai escolher sua empresa em vez do serviço concorrente. Por exemplo, a Harley Davidson prega uma mensagem de liberdade e seus principais clientes são pessoas que passam a semana "presas" em escritórios, mas nos finais de semana podem pegar suas motocicletas e partirem rumo à liberdade. A linguagem da Harley costuma ser ligeiramente provocativa, buscando despertar o "rebelde adormecido" em cada um de seus clientes. Funciona bem!

Defina sua história

"Por que a preferência por marcas está caindo? Porque nós esquecemos que o trabalho das marcas é contar histórias e criar conteúdo."

_ Don Schultz

no Content Marketing World 2013, em Cleveland

Uma história bem contada é capaz conduzir o receptor a uma jornada de mudanças e transformações. Para saírem da zona do "sou" e entrar na do "somos", você e sua empresa precisam contar boas histórias. A visão humana de mundo se resume na junção de histórias sobre fatos narrados em que se acreditam. E é de nossa natureza compartilhar casos, valores e visões. Isso vai ao encontro da necessidade de pertencer a uma tribo.

Que tal usar história para definir toda a abordagem do seu conteúdo?

O storytelling é um método que se vale de narrativas aplicadas em palavras ou recursos audiovisuais para transmitir um conceito. Ele tem sido bastante utilizado no marketing como meio de promover a marca sem vender diretamente e por isso torna-se uma ferramenta poderosa para compartilhar conhecimento e atrair consumidores. O intuito de contar uma história é encantar e cativar a audiência.

Uma história interessante é a soma de alguns fatores muito bem alinhados: palavras e vocabulário adequados, um enredo inteligente e provocativo, personagens que representem anseios, dores e a realidade daqueles que receberão a mensagem em questão. Além de elementos e suporte visual, tais como imagens, ilustrações diversas, vídeos e similares – compondo uma colcha de retalhos capaz de emocionar, entreter e persuadir o seu receptor.

A história pode ser da própria empresa, do produto, serviço ou qualquer outro elemento relacionado ao negócio em questão. O importante é que seja boa, verdadeira, que conecte. A narrativa precisa mostrar os benefícios que a empresa pode proporcionar ao consumidor. Esta é uma ótima forma de criar aproximação com os clientes em potencial. É assim que o storytelling deve ser incluído em uma estratégia de marketing.

De acordo com Giles Lury, esta tendência ecoa a necessidade profundamente enraizada de todos os seres humanos para se divertir. As histórias são ilustrativas, facilmente memoráveis e permitem que qualquer empresa crie vínculos emocionais mais fortes com seus clientes.

Nosso cérebro é muito mais envolvido por contar histórias do que por fatos frios. Ao ler dados em linha reta, apenas uma parte de nosso cérebro funciona para decodificar o significado. Mas quando lemos uma história, não é só as partes linguísticas do nosso cérebro que são ativadas. Por isso é muito mais fácil para nós para recordarmos histórias do que fatos.

Um case interessante é o da Coca-Cola, que cria uma atmosfera motivacional e aspiracional para conquistar mais adeptos. A empresa vende felicidade e desejo de revolução pessoal e implicitamente leva o produto até mesmo para pessoas que contestam os aspectos ligados à saúde. O fenômeno Coca-Cola gera diariamente milhões de compartilhamentos e citações sobre as peças criadas nos mais diversos meios digitais. Um processo que evangeliza o consumidor final e propaga a marca em todos os cantos do mundo. A marca não fala sobre o produto. Ela conta histórias, fala sobre os contextos nos quais o produto é consumido. Isso faz toda a diferença!

Histórias ajudam no posicionamento. E como sabemos, um dos objetivos centrais do marketing é firmar uma boa posição na mente dos consumidores. Quando pensamos em refrigerante, uma marca vem à mente. Quando pensamos no carro mais rápido, uma marca vem à mente. Quando pensamos até no sistema operacional do celular, temos uma marca de preferência. Eu poderia apostar em grande parte que você acabou de pensar em Coca-Cola, Ferrari e iOS. Ou talvez tenham passado pela mente Pepsi, Lamborghini e Android, mas a maioria das pessoas tem somente um espaço na mente para cada marca. Isto é marketing, em essência.

A fase do planejamento é o momento ideal para você pensar na sua história.

Faça boas perguntas

Um dos meus melhores professores de marketing me ensinou que qualquer planejamento é feito a partir das perguntas certas, e que os melhores cérebros do mundo são aqueles que sabem fazer boas perguntas. Boas perguntas levam a boas respostas e dessas respostas nascem os planejamentos mais eficazes em termos de objetivos de negócios. Se você quer contar uma boa história, reflita com a sua equipe sobre as perguntas abaixo. Elas te ajudarão a contar melhores histórias sobre como a sua empresa pode ajudar seus clientes com os problemas deles.

- Qual o papel que o meu produto ou serviço tem na vida ou empresa dos meus clientes?
- Como meu produto ou serviço ajuda os clientes a serem melhores no que fazem?
- Como meu produto ou serviço já fez a diferença para algum cliente e como posso contar esta história de sucesso para outros clientes?
- Meu produto ou serviço ajuda meus clientes a economizar dinheiro ou a aumentar a margem de lucro? Como?
- Quais negócios poderiam ser mais lucrativos utilizando o que eu vendo?
- Como meus clientes podem usar o que eu vendo para oferecer um produto ou serviço muito melhor para os clientes deles?
- Cases: como era antes da minha solução, quais problemas esta solução resolveu e como ficou depois da solução?

As respostas não são necessariamente únicas, nem fáceis de obter, e nem mesmo uma só para todos os seus produtos. Mas se você conseguir captar boas respostas, você terá uma visão mais abrangente do que seu cliente espera.

Os 3 C's do conteúdo

Sempre admirei os jornalistas pela capacidade de escrever dezenas de páginas sobre os mais variados assuntos de forma consistente, contínua e convincente. Grave bem estes três adjetivos, pois são fundamentais numa estratégia de conteúdo. Tenho aplicado isso em minhas estratégias há tempos e é notório como tais pilares formam uma base sólida para que os resultados aconteçam.

Vamos entender:

Contínuo

Para servir aos objetivos da marca e criar uma conexão com o consumidor, é preciso que o conteúdo seja gerado continuamente. Isso não significa necessariamente que a continuidade deva ser diária, mas é preciso haver uma frequência programada. Pode ser semanal, mensal, enfim, deve existir uma programação continua. Caso contrário, a marca estará gerando uma sensação de abandono.

Consistente

A consistência é o fundamento que cria a percepção de autoridade. Quando uma marca, autor ou perfil cria conteúdo de forma consistente, que faz sentido para quem escreve e também para quem lê, o diálogo começa a fluir e o leitor sente falta do conteúdo quando ele não chega. É o sonho de qualquer produtor de conteúdo saber que seus leitores (ou assinantes, ou ouvintes, ou espectadores) sintam falta do conteúdo.

Podcasts famosos, como o Guanabara Cast ou o Nerdcast, são fenômenos de conteúdo que estabelecem uma tribo. Os ouvintes são tão fiéis que se tornam viciados. Se uma edição é prometida para uma data e não sai, chovem tweets e mensagens no Facebook pedindo a publicação.

Convincente

Há anos que acompanho o canal oficial do Google para Webmasters. O que sempre me chamou atenção é o uso do termo compelling, cuja tradução mais adequada seria "convincente". Convencer alguém sobre um ponto de vista é um desafio. Quando se discursa em nome de uma empresa, marca ou entidade, há uma série de cuidados e regras a serem seguidos, o que torna o desafio mais complexo.

Os jornalistas escrevem tendo em mente o manual de redação e o estilo de cada jornal. Ao escrever em nome de uma marca, precisamos ter completa ciência de seus princípios, valores e da cultura da organização. Convencer significa argumentar de forma a fazer com que o interlocutor assimile e adote o seu ponto de vista. Fazer isso de forma interessante é o diferencial que separa os grandes conteúdos dos conteúdos medíocres.

Este é conjunto de C's que chamo de tríade do conteúdo. Algo a ser considerado por você na hora de colocar as ideias no papel.

Não fale sobre si mesmo. Conteúdo "umbigocêntrico" é entediante.

Ninguém gosta de ouvir alguém que só sabe falar de si mesmo. Por isso que a comunicação que só exalta a marca, o produto ou o empreendedor, não engaja tanto e ainda afasta as pessoas da mensagem. Mas espere aí, se os meus produtos são os melhores do mercado, meu serviço é fantástico e seu sou melhor que a concorrência, por que não ressaltar tudo isso? Porque quando você entrega conteúdo autopromocional, você está tratando de temas relevantes para você, mas não sobre o que realmente importa para o consumidor.

Está aí uma dura verdade que você não pode ignorar: a maioria das pessoas não está nem aí para seus produtos ou serviços. Eles querem tomar decisões rápidas, sem pensar. Querem ouvir coisas que os ajudem a resolver seus próprios problemas e alcançar seus objetivos pessoais e profissionais. Ignore isso e corra o risco de falir.

Seu conteúdo precisa agregar valor. A ideia de ter um conteúdo especialista é entregar informações úteis para quem precisa delas. Mas, se as pessoas visitam o seu blog, seguem sua fanpage, acessam o seu canal no YouTube e não veem nada neles a não ser dados egocêntricos e uma "lista chata" do que você vende, então você não está gerando valor e rapidamente arruinará sua reputação.

O ideal é que o seu site tenha cerca de 80% de conteúdo de valor e 20% falando sobre as suas soluções. Ou seja, a maior parte do que você publica precisa ajudar o consumidor com alguma coisa. A ideia é que ele consuma os conteúdos "não comerciais" até que chegue a hora de comprar. Quando o cliente em potencial já percorreu a jornada, tirou dúvidas, se divertiu, aprendeu e você ajudou em todas essas fases, ele mesmo poderá pedir materiais mais específicos sobre o produto. Isso costuma acontecer nos momentos finais do processo de compra. Nesse momento, depoimentos, estudos de caso, tutoriais, comparativos e aplicações irão desempenhar um papel importante.

Certa vez li uma analogia interessante. Se o ambiente digital fosse uma festa, a sua empresa seria aquele cara que naturalmente reúne um grupo de amigos em torno de si para ouvir as histórias interessantes que ele compartilha? Ou aquele chato egocêntrico que não perde oportunidade de se autopromover com as intermináveis histórias sobre suas próprias conquistas? Logicamente é o primeiro que recebe mais atenção. O segundo, geralmente, acaba sozinho no bar, tomando mais uma dose de uísque. Pense nisso.

Neste capítulo você viu:

- Estratégia de conteúdo pode ser definida como o planejamento, desenvolvimento e gestão de conteúdo. O termo vem sendo utilizado por profissionais de desenvolvimento web desde o fim da década de 1990 e funciona dentro do campo da experiência do usuário.

- Estratégia de conteúdo é a prática de planejar, criar, entregar e gerenciar conteúdo útil e interessante a um público-alvo específico. O conteúdo produzido pode ser tudo o que pode ser consumido online, disponibilizado em diversos canais, como sites, blogs, redes sociais, entre outros.

- Podemos organizar uma estratégia de conteúdo em 3 partes: Criação, Entrega e Gestão.

- Uma estratégia de conteúdo de verdade não significa simplesmente produzir um monte de conteúdo, por melhor que ele seja. É preciso um roteiro para direcionar as publicações para metas, leads e engajamento:
  - Definição de um tema pelo qual o público-alvo é apaixonado ou possui demanda ativa.
  - Concentração nesse assunto (não falar de tudo para todos).
  - Tornar-se referência no assunto (falar sobre ele melhor do que ninguém).

- Defina claramente as que compõe o seu Círculo Dourado:
  - Porquê: explica o porquê você faz o que faz, qual é o seu propósito, ou seja, o significado de tudo.
  - Como: diz respeito ao como você faz as coisas.
  - O quê: o que você efetivamente faz ou vende.

- 10 questões que permeiam uma estratégia de conteúdo eficiente:
  - Qual é o seu objetivo?
  - O que você vende?
  - O que seus clientes querem de você?

- Qual a sua história?
- O que você tem a dizer?
- Qual é o tipo de conteúdo necessário para sua marca em cada etapa do processo de venda?
- Como seu conteúdo será distribuído?
- Como sua marca será encontrada através de pesquisas online?
- Como você vai fazer isso acontecer (cronograma de trabalho)?
- Como você vai mensurar os resultados?

- Faça uma auditoria no conteúdo que você já tem para saber o que já foi feito.

- Crie um inventário do seu conteúdo para saber o que me melhorar e o que falta fazer.

- Utilize um calendário editorial para saber quando publicar o quê.

- Defina o tom de voz a ser adotado no seu conteúdo.

- Defina a sua história. Saiba qual mensagem quer deixar na mente dos seus clientes quando pensarem em você.

- Faça boas perguntas para saber o que é relevante para os seus clientes no seu negócio.

_ Capítulo 5

Ofertas de conteúdo, landing pages e geração de leads

"Fazer marketing tradicional e publicidade é como dizer ao mundo que você é uma estrela. Fazer Marketing de Conteúdo é mostrar porquê você é uma estrela."

_Robert Rose

Isca digital, recompensa digital ou oferta de conteúdo?

O mercado de infoprodutos (produtos digitais) chegou ao Brasil em meados de 2012. O setor movimenta bilhões de dólares e lança novos especialistas e gurus de internet marketing todos os anos. Muita gente que entra neste mercado mal conhece a diferença entre os termos marketing digital e internet marketing. A diferença é sutil para alguns e gritante para outros, mas no fim, é tudo marketing.

Uma das portas de entrada para este mercado dos infoprodutos são os cursos online. Existem cursos dos mais variados tipos e formatos, que ensinam desde lucrar com blogs até criar negócios de representação comercial virtual (programa de afiliados). Um grande tentáculo dessa vertente de marketing parte da pesquisa de usuários no Google por termos como "ganhar dinheiro online" ou "como ganhar dinheiro na internet", que juntas somam mais de 45.000 buscas mensais. Para atrair e encantar o público que pesquisa por isso no Google, foram criados centenas de cursos, treinamentos e promessas sobre como ganhar dinheiro na internet trabalhando de casa.

Neste contexto nasceu o termo "isca digital", um e-book, planilha, vídeo ou qualquer outra forma de conteúdo que possa cativar o lead a respeito de algum tema. Algumas pessoas também usam o termo "recompensa digital". Mas, ao invés de "isca" ou "recompensa", sempre oriento meus alunos e clientes a usarem o termo "oferta de conteúdo". Simplesmente porque "isca" remete a uma pescaria, e isso nos leva ao entendimento de que se quer "pescar alguém". Dessa forma, acaba-se tratando o lead como apenas um possível comprador, alguém de quem se deve arrancar algum dinheiro. Da mesma forma, o termo "recompensa" soa como um pedaço de ração dado a um hamster que brincou na gaiola para divertir o dono.

O lead é a pessoa com todas as qualificações e necessidades para comprar um produto. Dele temos informações de contato como endereço de e-mail, telefone, conta no Facebook, etc. Para obter esta forma de contato, oferecemos em troca um conteúdo que seja de interesse deste lead, e assim, obtemos a permissão para manter contato com ele, utilizando principalmente o e-mail marketing, bem como outros canais de comunicação.

Para que você realmente obtenha a atenção do lead e crie conexão verdadeira, você primeiro precisa da permissão dele. "Marketing de Permissão é o privilégio (não o direito) de entregar mensagens antecipadas, personalizadas e relevantes para as pessoas que querem recebê-las". Essa é a definição original de Seth Godin no livro Marketing de Permissão. Por isso que o termo oferta de conteúdo muda a mentalidade. O pensamento está em oferecer seu melhor conteúdo, seu melhor insight, a sua visão de como este problema pode ser resolvido.

Ao mudar a forma de pensar o seu primeiro contato com o lead, você passa a considerá-lo como um cliente potencial e não somente como alguém que poderá render algum dinheiro. Em marketing, sempre olhamos para o cliente sob a ótica do LTV - *Lifetime Value*, o Valor do Ciclo de Vida de Um Cliente. Se um cliente compra hoje um curso online básico, amanhã poderá comprar um curso online avançado e depois comparecer a um evento. Quando você cria um relacionamento com este lead, e depois com o cliente, você aumenta o LTV.

> *"Atrás de cada tweet, cada compartilhamento, cada visita, cada compra... há uma pessoa."*
> Shafqat Islam, NewsCred

Existe um grande benefício de se tratar os leads e clientes de forma diferenciada e humanizada: o poder da recomendação. Muitas vezes um lead na sua base de contatos pode não estar pronto para comprar a sua solução ou fazer o seu curso, mas é um formador de opinião. Ele pode recomendar seu produto, influenciar a decisão de outras pessoas ou indicar para amigos que ouçam o que você tem a dizer.

Quero plantar uma semente aqui: a melhor forma de fazer uma oferta de conteúdo imbatível é entender quem são suas personas. Por isso mais uma vez destaco: Conheça todos os atributos do seu consumidor ideal, estude o comportamento do seu consumidor e crie o melhor conteúdo para ele. Faça isso sempre.

Entenda o funil de conversão

O funil de conversão é o caminho dentro do seu site por onde os clientes potenciais passam. Como o nome sugere, no fim, o resultado é uma conversão. O número de tráfego (visitantes) que o site recebe é maior do que a quantidade que converte no final (compradores). Por isso o formato de funil.

FUNIL DE CONVERSÃO

ATRAIR — SEO, Blog, Mídias Sociais, Sites, Mídia Online, Mobile — Estranhos / Visitas

CONVERTER — Call to Action, Forms, Downloads, Landing Pages — Leads

FECHAR — Automação de E-mails, Nutrição de Leads, Alertas de Vendas, Webinars — Clientes

ENGAJAR — Feedback, Suporte — Promotores

Em essência, o funil de vendas tradicional é tipo de variação do conceito de AIDA (Atenção, Interesse, Desejo e Ação). Mas o funil de conversão não é assim tão simples. Seus clientes potenciais não devem ser tratados como "gado" e você não deve agir como se estivesse baldeando um rebanho de leads. O processo é mais específico e dá ênfase no comportamento do seu cliente, na nutrição do relacionamento com ele e na manutenção e retenção deste lead em cada etapa do processo. Mas antes de prosseguir com o funil, vamos entender o que é conversão.

A conversão é um termo usado de forma recorrente no universo digital, principalmente quando se fala em e-commerce. Converter é alcançar aquilo que se espera no processo comercial, como por exemplo, converter um lead em uma venda. A frase emblemática de John Munsell traduz a importância de atrair bons resultados para o seu negócio a partir das conversões:

"Se o conteúdo é rei, a conversão é a rainha".

Os diferentes tipos e níveis de conversão:

1. O modelo mais clássico e conhecido de conversão é aquele em que uma ação leva a pessoa a comprar um produto ou serviço. Quando seu negócio possui alguma campanha de mídia paga, por exemplo, e o visitante acessa seu anúncio, escolhe o modelo do produto e finaliza uma compra, você tem uma conversão.

2. Quando algum visitante executa uma ação através de uma chamada presente no seu site. Exemplo: baixar um guia, um infográfico, um e-book ou qualquer outro material idealizado e criado para atrair a atenção do usuário e convertê-lo em lead. Essa micro-conversão gera valor para o negócio, mesmo não sendo uma ação de venda ainda.

3. Quando o visitante "paga o produto" com um compartilhamento em alguma de suas redes sociais (Facebook, Twitter, LinkedIn, Pinterest, entre outras). Esse tipo de ação recebe o nome de "conversão social" – amplamente difundida e valorizada no cenário digital.

4. As campanhas de e-mail marketing são importantes ferramentas para conversão. Essas ações têm como objetivo uma chamada para ação que gere uma conversão, como a compra de um produto, o download de um e-book exclusivo ou outras ofertas que podem ser entregues em seu site – tudo isso oferecido através de um e-mail disparado para a sua base de leads. Nesta fase estamos tentando "qualificar" o lead, oferecendo um conteúdo específico em troca do refinamento das informações.

Quando pensamos em estratégias de marketing, seja no meio tradicional ou no digital, a meta é sempre converter. Se você tem um site, uma loja virtual, um blog, um canal social, mas não converte o visitante em lead, e esse lead em um potencial cliente, é preciso rever as coisas. Provavelmente você irá encontrar algum ruído ou equívoco impedindo ou travando o sucesso do seu negócio. Todo o projeto deve ser transformado em resultados e são esses resultados que chamamos de conversão.

Uma das melhores maneiras para melhorar ou aumentar a conversão do seu site é criar uma landing page específica para cada produto, seja ele um produto físico ou digital. Este tipo de página aumenta o desempenho e a probabilidade de conversão. Se criada e utilizada corretamente, tenha certeza que os resultados irão te surpreender, principalmente quando comparados aos resultados de outros tipos de páginas.

Quando uma landing page é eficiente, consegue gerar maiores taxas em relação ao tráfego do seu site, além de aumentar consideravelmente a geração de leads ou vendas diretas. Se essa página tiver comentários positivos do produto, depoimentos de pessoas reais, compartilhamentos, provas sociais e um design focado na conversão, poderá aumentar a confiança do lead e ajudá-lo a optar pelo que você vende.

A headline (ou título, chamada) da landing page deve ser persuasiva, concisa e objetiva, deixando claro ao visitante da página o que você está oferecendo. É preciso destacar os benefícios e outros atributos para que, de alguma maneira, se consiga despertar maior interesse pelo produto. Títulos que envolvem uma promessa quantificável em termos numéricos convertem mais. Um título como "Aumente suas vendas usando CRM XPLUS" é comum. Já "Fature de 20% a 45% mais em 3 meses com CRM XPLUS" é bem mais convincente, não acha?

Imagens objetivas e vídeos com apelos emocionais também são elementos poderosos. Fotos genéricas de bancos de imagens com pessoas sorrindo não ajudam muito numa página de conversão. As imagens devem ilustrar claramente o uso da oferta, mostrar gráficos de crescimento, tabelas comparativas, usar argumentos objetivos que derrubem as objeções mais comuns e sustentem as funcionalidades ou atributos da oferta com depoimentos, casos ou testemunhais (as chamadas "provas sociais").

Tudo na landing page deve estar ligado à sua oferta. Lembre-se da frase:

> *"Se quiser dobrar seu volume de negócios é muito mais fácil dobrar a taxa de conversão do que dobrar o tráfego."*
>
> *Jeff Eisenberg*

Conduzindo as etapas do funil até a conversão

1. Qual o seu problema?

Existem respostas a serem dadas sobre o negócio para o cliente em potencial. Pode ser uma dúvida, um interesse ou a descoberta de algo até então desconhecido. Esse é o ponto em que o cliente só quer resolver um problema. Esta etapa inicial é ideal para disponibilizar dicas de como fazer, como comprar e o que valorizar. O conteúdo produzido aqui precisa expor "tudo que interessa a quem ainda está no início da pesquisa". Deve-se fornecer materiais leves, didáticos, divertidos e que incentivem o leitor a querer mais. Pense em e-books, vídeos, tutoriais e todo tipo de formato de conteúdo que pode ser oferecido em troca de um pequeno cadastro.

2. Do que você precisa?

Nessa segunda parte, o lead já consumiu algo da empresa. O trabalho aqui é nutri-los. Com os e-mails recolhidos na primeira etapa, é hora de usar o e-mail marketing para entregar conteúdos mais completos e específicos para a audiência. Também é a hora de dividir os leads entre mais e menos qualificados, ou seja, separar os que valem a pena ir para o departamento de vendas e os que precisam receber mais conteúdos. O comportamento dos leads ajuda nesse sentido e um bom software de automação de marketing é essencial. Dependendo do lead, oferecer atendimento personalizado já pode garantir a conversão.

3. Como podemos ajudá-lo?

Essa é a etapa das oportunidades, o momento em que os leads serão contatados pelo departamento de vendas. Os contatos já conhecem a empresa e estão mais receptivos à oferta, já receberam materiais de ajuda e perceberam a capacidade da sua empresa de ajudar. Com base nas informações já recolhidas, conduza o processo de fechamento de venda. A ideia é influenciar a compra, mesmo que seja através de uma avaliação gratuita do produto.

4. Clientes

Os leads se tornam clientes e agora usufruem do serviço da empresa. Diferente do que alguns pensam, o trabalho do marketing não acaba por aqui. A empresa deve buscar a fidelização dos clientes, oferecendo novos produtos ou serviços. Uma nova etapa de criação e entrega de conteúdo precisa ser garantida.

Bofu, Tofu e Mofu (dando sentido ao seu blog)

A criação de um blog na verdade é apenas uma parte (embora importante) de uma estratégia de marketing de conteúdo. No entanto, o conteúdo de um blog não precisa ser apenas para gerar visibilidade e construir audiência. Ele pode abranger os principais pontos de uma estratégia de marketing digital, transformando visitas em leads, leads em clientes e clientes em compradores. A verdade é que se você tem um blog corporativo, tem uma peça importante do quebra-cabeça de marketing de conteúdo no lugar. No entanto, é preciso saber usá-lo.

O blog tem um papel muito específico e o problema é que a maioria dos empreendedores e profissionais de marketing tenta forçar um blog a fazer coisas que não são adequadas. Para usar o blog de forma mais ampla e transformar visitas frias em compradores ativos usando o conteúdo, é preciso se voltar ao básico do funil de vendas. A ideia é entender como lançar conteúdo em cada etapa. Para uma visita fria se tornar um cliente, ela precisa passar por três fases:

1. Consciência: A visita deve primeiro se tornar ciente de que existe um problema e que você ou sua empresa tem uma solução para isso. (Este é o lugar onde seu blog mais se destaca).

2. Avaliação: Aqueles que avançam, chegam ao estado da consciência onde devem avaliar as várias opções disponíveis para eles, incluindo soluções do seu concorrente.

3. Conversão: Aqueles que se movem através da fase de avaliação estão agora no momento da verdade. O objetivo nesta fase é converter leads em compradores frequentes, fãs e defensores da marca.

Os visitantes frios não podem avaliar sua solução até que estejam primeiramente cientes do problema e da solução. Aqui está o que essas etapas significam para o marketing de conteúdo:

1. Tofu (Top of The Funnel) - Topo do Funil.

2. Mofu (Middle of the Funnel) – Meio do Funil.

3. Bofu (Bottom of the Funnel) – Fundo do Funil.

Blogs são facilitadores fantásticos da consciência, mas fazem um trabalho pobre na hora de facilitar a avaliação e a conversão. E, correndo o risco de apontar o óbvio, as etapas de avaliação e conversão são muito importantes para o seu negócio. Para mover os leads do topo até o fundo, você precisa lançar diferentes tipos de conteúdo. Este é o "Ciclo de Vida do Conteúdo".

Vamos dar uma olhada em cada etapa deste funil de marketing e o conteúdo necessário em cada uma das fases:

1. Topo do funil (Tofu)

Os clientes potenciais que entram no topo do funil são em geral completamente inconscientes de sua solução e, muitas vezes também, completamente inconscientes de seu problema. Para sanar isso, você precisa disponibilizar conteúdo com baixa barreira de entrada, porque os visitantes têm pouca ou nenhuma motivação para colocar a pele em jogo. Você pode fazer isso prontamente usando tipos de conteúdo como:

- Blog posts.
- Atualizações nas mídias sociais.
- Infográficos.
- Imagens.
- Podcasts.
- Newsletters.

É preciso lançar todos esses tipos no topo do funil? Com certeza não, mas é aconselhável escolher no mínimo de um a três para trabalhar. A maioria das empresas costumam postar conteúdo no blog e utilizar canais de mídia social como Facebook, Twitter e LinkedIn para divulgar e se relacionar com a audiência. Uma vez que você já faz isso, precisa adicionar um teor mais alto no funil para encorpar a estratégia lançando um podcast ou um newsletter, por exemplo. Com isso, você começa a mover a sua audiência de canais externos para canais internos, reduzindo sua dependência de tráfego orgânico ou de tráfego pago.

2. Meio do Funil (Mofu)

O grande objetivo do conteúdo no meio do funil é converter as visitas em leads. Em outras palavras, usamos o conteúdo gratuito para incentivar as pessoas a fornecerem suas informações de contato. É justamente aqui que as já citadas ofertas de conteúdo entram em cena. Podemos listar:

- E-books.
- Whitepapers.
- Estudos de caso.
- Testes online.
- Videoaulas.
- Webinários.
- Cursos gratuitos.

É preciso investir constantemente nesse tipo de conteúdo para gerar leads para seu negócio, pois sem a micro-conversão do lead, não haverá a macro-conversão em vendas.

3. Fundo do Funil (Bofu)

Um terceiro tipo de conteúdo deve ser usado na parte inferior do funil. É no fundo onde os leads são levados a se tornar clientes. Os tipos de conteúdo que você pode usar para levar ao lead informações para a decisão de compra são:

- Newsletters.
- Histórias de clientes.
- Casos de sucesso e casos de uso.
- Hangouts e webinários.
- Depoimentos.
- Cupons de desconto e promoções.

O conteúdo aqui deve ajudar o lead a decidir entre você e o concorrente. Criar comparativos, demos e ofertas de teste grátis costumam ter grande eficiência nesta fase.

Explorando cada tipo de conteúdo

E-books

No mundo editorial, e-book é uma abreviação para electronic book (livro eletrônico), ou a versão digital de um livro tradicional, impresso. Os profissionais de marketing adaptaram o termo para uso próprio. Os e-books são geralmente distribuídos gratuitamente em sites e blogs para que leads sejam gerados. O formato é ótimo para comunicar informações mais densas ou complexas, mas de uma forma engajadora e facilmente digerível.

De acordo com dados do Relatório B2B Content Marketing Benchmarks, de 2014, cerca de 34% dos profissionais de marketing estavam usando e conseguindo resultados com e-books. Além do mais, 57% dos usuários B2B já consideravam o e-book um conteúdo eficaz. Esses números aumentam ano a ano.

Série de vídeos

Numa pesquisa feita pela Cisco Systems*, uma das maiores empresas especializadas em redes digitais do mundo, até o ano de 2019, o consumo de vídeo online será responsável por 85% de todo o uso da internet. Esse consumo chegará a 1 milhão de minutos de conteúdo circulando pela web por segundo.

Mais da metade das empresas já estão fazendo uso de vídeos. Aproximadamente 64% dos responsáveis por empresas esperam que o vídeo seja o carro chefe de suas estratégias num futuro próximo. Não é difícil descobrir o motivo. Quando se trata de alcance, o vídeo é simplesmente incomparável. Só o YouTube recebe upload de mais de 100 horas de vídeos a cada minuto e mais de um bilhão de visitantes únicos por mês, o que é mais do que qualquer outro canal, mais até que o Facebook. Aliás, existe uma briga pela liderança de acessos em vídeo e cada rede puxa o mérito para o seu lado na mesa.

Os vídeos podem ser consumidos em praticamente qualquer dispositivo, do smartphone ao sistema multimídia do seu carro. E tudo isso pode se

---

* http://bit.ly/2dDFJQc

transformar em resultados com marketing de conteúdo. Se uma imagem vale mil palavras, um minuto de vídeo vale 1,8 milhões de palavras. Assim dizem os pesquisadores da Forrester.

No Brasil, a Samba Tech é a maior referência no que diz respeito a conteúdo em vídeo. A empresa oferece soluções de hospedagem de vídeo para todo tamanho de clientes, desde universidades que oferecem cursos de graduação à distância até empresas que se comunicam com seus funcionários internamente, como no caso do Kast, aplicativo lançado em 2016 que permite que equipes trabalhem remotamente se comunicando com vídeos curtos em nuvem.

Webinários

Webinário é um seminário, workshop ou palestra realizada online. Geralmente combina elementos gráficos (uma apresentação em PowerPoint ou Keynote, por exemplo) com voz e vídeo. Os participantes podem conversar entre si e com os palestrantes, a fim de sanar as dúvidas e interagir sobre o assunto em pauta. A comunicação entre os participantes é limitada apenas ao chat, mas há soluções que permitem interação diretamente em vídeo, como o Zoom.us.

Entre as vantagens de se utilizar este formato em sua estratégia, destaco a conveniência para o cliente, baixo custo, eficiência na conversão, fácil execução, conteúdo perene (que pode ser usado posteriormente em outras situações), além do alto poder de persuasão, com a possibilidade de entender objeções em tempo real e argumentar sobre elas. Por fim, é uma ferramenta poderosa de convencimento, usada tanto nos mercados B2B quanto no B2C.

Promovendo um webinário organizado e rico em conteúdo, você não só permite ao público ter mais contato com seu negócio, como aumenta as suas chances de ser reconhecido como autoridade na área. Por outro lado, se o seu webinário apresentar falhas de áudio, transmissão ou qualquer outro problema, a confiança do público é prejudicada.

Para evitar que as transmissões saiam erradas, esteja atento a cada detalhe e se valha sempre dos melhores recursos de transmissão. E se você não tem experiência, aqui vai um conselho: comece com pequenas transmissões e vá ganhando experiência e aumentando a escala.

Planilhas e templates

Planilhas também podem ser ótimas ofertas de conteúdo. Há pessoas de todo o mundo, de diferentes mercados, prontos para receber algum documento que lhes ajude a resolver determinados problemas.

No setor financeiro, por exemplo, as planilhas eletrônicas podem servir para ensinar pessoas a organizar suas finanças. Uma empresa de marketing digital pode oferecer uma planilha que ajude os leads a calcular o ROI de suas campanhas online. Uma plataforma de gestão de tarefas pode oferecer uma planilha de gestão de tarefas e depois convidar este lead a ser mais eficiente colocando tudo na nuvem e automatizando alguns aspectos.

Fornecer uma planilha é uma forma de segmentar um público com alto nível de interesse em organização, controle e eficiência. (E oferecer uma solução melhor ainda em seguida tem um grande poder de conversão).

O template tem um poder parecido. Trata-se de um modelo pronto para a pessoa aplicar intuitivamente na hora de cumprir algum objetivo específico. Uma empresa que constrói websites pode oferecer um template de layout, por exemplo. Um consultor de marketing pode entregar o template para criação de um e-book ou criação de um webinário.

Podcast

Podcast é o nome dado ao arquivo de áudio digital, frequentemente em formato MP3 ou AAC. A palavra é uma junção de Pod-Personal On Demand, retirada de iPod e broadcast (transmissão de rádio ou televisão). No podcast, as pessoas podem falar sobre diversos assuntos e expõem suas opiniões sobre eles.

No contexto popular, os podcasts tratam de assuntos diversos, de política a capítulos de novela. É como um blog, só que a comunicação é feita via voz. No meio empresarial, o podcast tem sido mais um recurso poderoso para promover uma marca na web, assumindo papel principal em muitas estratégias de marketing de conteúdo. No Brasil, o primeiro podcast foi feito por Danilo Medeiros, em 2004, e recebeu o nome de "Digital Minds". O assunto principal era tecnologia. A mídia indica o "Nerdcast", idealizado pelo site Jovem Nerd, como o podcast mais popular do Brasil.

Os podcasts deram uma sumida por um tempo, mas o crescimento do mercado mobile trouxe-o de volta. Ter áudios no celular passou a ser interessante para muitas pessoas. Os usuários que passam cada vez mais tempo ligadas ao mundo pelo mobile, podem consumir conteúdo enquanto estão no transporte, enquanto dirigem ou enquanto estão no trabalho.

A iTunes Store e o Google Play disponibilizam diversos podcasts para download. Um exemplo é o Serial, podcast da WBZ Chicago que já teve mais de 5 milhões de acessos no iTunes.

Aplicativos

Gosta da ideia de desenvolver um aplicativo mobile e ganhar mais clientes? Essa pode ser uma ótima forma de gerar leads e aproximar relacionamento com o seu consumidor. Existem hoje 800 mil aplicativos apenas na App Store que já ultrapassam os 40 bilhões de downloads. Os aplicativos já superaram a web quando se trata de tempo gasto pelo consumidor e estão perdendo só para o tempo gasto assistindo à televisão (ainda).

Você pode ter um aplicativo popular e com um número grande de downloads, mas é preciso se relacionar com os usuários. O responsável pelo marketing deve trabalhar o conteúdo de forma bem segmentada e levar em conta todos os estágios e ações do consumidor. Quanto mais engajadas as pessoas estiverem com o seu aplicativo, mais felizes estarão com sua marca.

Pegue o marcador de texto. Conteúdo exclusivo costuma ser uma moeda de troca valiosa quando se trata de aplicativos. Estar dentro do smartphone do seu lead e do seu cliente é uma oportunidade de mercado que não deve ser desconsiderada, principalmente quando o volume de clientes potenciais supera a casa das dezenas de milhares.

Testes online

Dependendo do mercado em que sua empresa atua, disponibilizar testes online pode ser uma boa opção para gerar leads e obter dados relevantes sobre o que o público sabe sobre seu produto. O lead precisa estudar uma série de conteúdos (opcionalmente) e realizar um teste online. Dependendo do nível de pontuação, ele recebe um certificado ou selo de aprovação, e para baixar os materiais, precisa assistir os vídeos e responder as questões. Claro que para isso, terá que deixar seus dados de cadastro.

Outro formato são os testes abertos. Temos um caso legal com o Instituto de Patologia da Coluna. Fizemos durante muitos anos o "Teste sua Coluna", que indicava a gravidade de um eventual problema na coluna e encaminhava o paciente para o agendamento de uma consulta. O teste gerou milhares de leads por anos. Ele ajudava o paciente a entender qual tipo de problema de coluna ele provavelmente tinha e explicava possíveis tratamentos, sempre recomendando ao final a consulta com um especialista em coluna. Resolvia um problema do lead e ao mesmo tempo gerava possíveis pacientes para o Instituto.

Automação de marketing

Automação de marketing é a estratégia capaz de aumentar as vendas das empresas sem precisar de mais vendedores. Apesar de a ferramenta ter se tornado popular recentemente, é utilizada desde o começo da década de 1990, época em que as empresas começaram a criar inteligência para segmentar seus bancos de dados.

Segundo a Resultados Digitais, a automação de marketing é "A menina dos olhos nos mercados mais maduros de marketing digital e leva o profissional a entender e agir de forma personalizada e escalável com as pessoas que interagem com sua empresa nos diferentes canais online. Parte de entender exatamente o interesse do lead em seu estágio de compra e dar a ele todas as informações que precisa".

Uma estratégia bem construída através das premissas da automação de marketing ajuda empresas a gerar e preparar os leads para a compra, assegurando um relacionamento automático e escalável. Conforme a estratégia de marketing evolui, exige-se do time de marketing mais interações, conteúdos e gerenciamento. Como a quantidade de acessos, leads e visitas cresce, é preciso manter os canais em pleno funcionamento.

Nesse caso, o mais sensato é usar uma "inteligência maior" para conseguir fazer com que os Leads avancem no processo sem a necessidade de um vendedor. Já que contratar mais vendedores é caro e nem sempre resolve, automatizar partes do processo é uma saída eficiente que atende tanto os clientes potenciais (que não querem vendedores "os incomodando" enquanto decidem o que querem), quanto a empresa, que consegue atender um volume infinitamente maior de leads sem um investimento alto. Muitas vezes, o investimento anual em automação será menor do que o custo de um único vendedor.

Como consultor, já ajudei dezenas de empresas a planejar seus funis e criar projetos de automação de marketing. Em nenhum dos casos o crescimento das vendas e o retorno do investimento foi menor do que o custo de implantação de automação no período de um ano.

Existem diversas empresas que fornecem o serviço e as ferramentas de automação de marketing. No Brasil, as que mais se destacam são: Resultados Digitais (com o RD Station), a Sharp Spring, a Lead Lovers e a Hubspot. Outras soluções gringas também conquistam popularidade por aqui: Infusion Software, Active Campaign, MailChimp e Get Response. Entre as novas opções estão: Bull Desk, iSend, Dinamize, Lahar e Benchmark.

Muitos desses softwares nasceram originalmente como soluções para disparo de e-mails ou envio de e-mail marketing, mas foram se adaptando ao cenário de automação, criação de funis e landing pages. A tendência é que em poucos anos todas, ou quase todas, se tornem ferramentas All In One, com todos os recursos necessários dentro de um único painel.

Algo mais sobre landing pages

A partir do momento em que o visitante entra em sua landing page, só deve ter duas opções: converter ou sair. Por isso eu chamo essas páginas "becos sem saída". E para que sua landing page fique totalmente distinta do restante do site, alguns profissionais de marketing ainda sugerem que você a configure sem a barra de navegação para não distrair os visitantes e chame toda atenção para o único objetivo de conversão.

Um post do seu blog com uma URL distinta não tem uma única solicitação para conversão. Foi criado para mais de uma proposta de negócio. Entendemos então que ele é uma página do website, não uma landing page. Uma landing page deve passar em uma única página as informações mais importantes para divulgar - e vender - o produto ou serviço anunciado. A página, se bem integrada à sua estratégia de conteúdo, com chamadas para ação, automação de marketing e links patrocinados, aumenta significativamente a conversão de visitantes em negócios.

Existem três tipos essenciais de landing pages, cada um com uma proposta distinta:

1. Geração de leads

A página de geração de leads, também conhecida como páginas de captura, é usada para coletar informações sobre o visitante. O único objetivo, nesse caso, é obter informações de contato, como nome, e-mail e qualquer outra informação que se possa usar mais tarde.

2. Vendas diretas

Um espaço de conversão para a venda do seu produto ou serviço. Por exemplo: uma página de agendamento de serviços, uma página para testes grátis de seu produto e qualquer outra coisa que você queira promover.

3. Segmentação de interesses

Atua entre a geração de leads e as vendas finais. A finalidade é preparar o lead através de um funil de vendas, segmentando o interesse entre opções A, B ou C. Os leads são levados a escolher uma opção de material (oferta de conteúdo) para seguir em frente e a partir dos dados preenchidos no formulário, são segmentados conforme essas escolhas. Em funis complexos ou longos, é preciso criar conversões intermediárias para qualificar a base de leads antes de oferecer uma opção de produto ou serviço com maior probabilidade de conversão.

9 passos para criar uma landing page de sucesso

1. Estrutura clara de conteúdo

Tipicamente organizo uma landing page segundo uma lógica linear de etapas:

- Nome do produto, serviço ou solução.
- Headline atrativa com uma promessa tangível.
- Para quem a oferta é relevante.
- Porque o cliente precisa dela.
- Que problemas a solução resolve.
- Benefícios que a solução gera para o cliente.
- Imagens e vídeos relevantes.
- Estudos de caso resumidos, destacando resultados numéricos.
- Testemunhais ou depoimentos de clientes.
- Chamada para ação.

Organizando seu conteúdo dessa forma, você cobre boa parte das objeções mais comuns. Para cada caso, adicione ou remova seções conforme a sua necessidade e criatividade.

2. Escolha uma plataforma

Há vários sites que oferecem várias funcionalidades para criar sua landing page. Listo aqui os principais:

http://www.rdstation.com.br

http://www.gpages.com.br

http://www.leadlovers.com.br

http://www.unbounce.com

http://www.leadpages.net

http://www.instapage.com

http://www.landingi.com.br

3. Otimize o modelo da página

A página precisa ser simples, mas eficiente. Há 3 elementos básicos na estrutura da landing page que são importantes: evidência clara sobre para quem a solução está dirigida, destaque das informações importantes e concisas e criação de chamada para ação persuasiva (call-to-action).

É importante eliminar a navegação e não criar nenhum link para outra página. Isso é distração e afeta negativamente as taxas de conversão. O único objetivo da landing page é fazer com o usuário realize a ação desejada.

Mantenha somente as informações mais importantes. O visitante precisa ler tudo que há na primeira rolagem da sua landing page em poucos segundos. Além disso, o botão call-to-action precisa ser atrativo e estar em destaque.

4. Defina o conteúdo

É importante ter no topo da página somente logo, título e subtítulo. O conteúdo precisa ser preciso e destacar o benefício principal do seu serviço ou produto.

Dicas:

- Liste os tópicos com uma visualização clara e simples.
- Não venda sua empresa ou marca.
- Utilize palavras-chave.
- Use dígitos em vez de números extensos.
- Escreva sentenças curtas.
- Use vocabulário simples e comum.
- Utilize verbos de ação e voz ativa e imperativa.

5. Escolha as informações da oferta

As informações da oferta precisam destacar o que é, como funciona e quais são os benefícios que seu serviço ou produto.

6. Acerte nas informações do formulário

Tradicionalmente, os campos dos formulários são: nome, email, empresa e cargo. Mas é possível editar os campos. Tudo depende do objetivo da empresa, mas é bom equilibrar, pois campos demais tendem a derrubar as taxas de conversão e ausência de campos tornará a segmentação de leads inviável.

7. Defina a aparência

O design precisa ser bonito e limpo, assim como conteúdo. Não pode haver erros de português e as cores utilizadas na página devem estar de acordo com a identidade visual do site. O botão call-to-action deve ter cor chamativa e contrastante com o restante da landing page. Imagens em pontos estratégicos serão úteis para destacar a descrição da oferta.

8. Configure

Redirecionamento: Defina a ação que deverá ser executada após o preenchimento do formulário. Geralmente, o redirecionamento é feito para a página onde está hospedado o conteúdo dito na landing page, seja ele de um download de arquivo ou um hotsite.

E-mail de agradecimento: Crie um e-mail de agradecimento. Além de ser simpático e educado, essa estratégia auxilia na conversão.

9. Teste o fluxo de conversão

Após publicar a landing page, o empreendedor precisa testar o fluxo de conversão para saber se o texto, produto oferecido e a tela estão funcionando corretamente.

Pronto para avançar? O próximo capítulo trata da criação do conteúdo.

Neste capítulo você viu:

- O lead é a pessoa com todas as qualificações e necessidades para comprar um produto. Para obter esta forma de contato, oferecemos em troca um conteúdo que seja de interesse deste lead e, assim, obtemos a permissão para manter contato com ele.

- Para que você realmente obtenha a atenção do lead e crie conexão verdadeira, você primeiro precisa da permissão dele.

- Existe um grande benefício de se tratar os leads e clientes de forma diferenciada e humanizada: o poder da recomendação. Muitas vezes um lead na sua base de contatos pode não estar pronto para comprar a sua solução ou fazer o seu curso, mas é um formador de opinião. Ele pode recomendar seu produto, influenciar a decisão de outras pessoas ou indicar para amigos que ouçam o que você tem a dizer.

- O funil de conversão é o caminho dentro do seu site por onde os clientes potenciais passam. Como o nome sugere, no fim, o resultado é uma conversão. O número de tráfego (visitantes) que o site recebe é maior do que a quantidade que converte no final (compradores).

- Conduzindo as etapas do funil até a conversão:
  - Qual o seu problema?
  - Do que você precisa?
  - Como podemos ajudá-lo?
  - Conversão de leads em clientes

- As etapas do Funil de Conversão:
  - Tofu – Topo do Funil.
  - Mofu – Meio do Funil.
  - Bofu – Fundo do Funil.

- Explorando diferentes tipos de conteúdo como ofertas de valor:
  - E-books.
  - Série de Vídeos.
  - Webinários.
  - Planilhas e Templates.
  - Podcast.
  - Aplicativos.
  - Testes Online.
- Uma estratégia bem construída através das premissas da automação de marketing ajuda empresas a gerar e preparar os leads para a compra, assegurando um relacionamento automático e escalável. Conforme a estratégia de marketing evolui, exige-se do time de marketing mais interações, conteúdos e gerenciamento. Como a quantidade de acessos, leads e visitas cresce, é preciso manter os canais em pleno funcionamento.
- 9 passos para criar uma landing page de sucesso:
  - Estrutura clara de conteúdo.
  - Escolha uma plataforma.
  - Otimize o modelo da página.
  - Defina o conteúdo.
  - Escolha as informações da oferta.
  - Acerte nas informações do formulário.
  - Defina a aparência.
  - Configure.
  - Teste o fluxo de conversão.

_ Capítulo 6

Criação de conteúdo

"Não é que precisemos de mais conteúdo. Precisamos é de mais conteúdo relevante."

_ Jason Miller

Ao criar, lançar e promover conteúdo, você consegue obter respostas emocionais do público, atrair audiência e gerar mais oportunidades de negócios. Nas mídias sociais, por exemplo, provocar essa conexão é fundamental. As pessoas compartilham conteúdo que consideram inspirador e que aparentemente tem a capacidade de mover os outros da mesma forma. Além disso, somente o conteúdo torna sua marca fonte confiável de informações.

Mas nem tudo são flores...

Marketing de conteúdo não é fácil. É preciso uma quantidade substancial de disciplina e organização para criar e gerir uma estratégia de valor. Eis uma dura verdade: se você não está disposto a investir tempo e disciplina em seu marketing de conteúdo, seus resultados em vendas não serão suficientes. É preciso foco na execução, pois os resultados são graduais e crescentes. A boa notícia é que depois de conquistar determinado volume de tráfego, os resultados tendem a se manter constantes e crescentes quase que de forma natural.

Criar uma estratégia de conteúdo também não é barato. Você terá que investir financeiramente na contratação de pessoas e ferramentas certas. E não se trata apenas da contratação de criadores de conteúdo, curadores e editores. Há a aplicação em canais online, a compra de tráfego (AdWords e Face Ads, por exemplo), entre outros investimentos para garantir que o conteúdo alcance um grande público. Aliás, essa história de que não se deve anunciar conteúdo é um dos mitos mais nocivos no mercado. É evidente que o tráfego orgânico é um dos melhores benefícios de se produzir conteúdo. Mas chegará o momento em que será preciso ir além. Muitas vezes um pequeno impulsionamento pago dará início à entrada do lead no funil e no processo de venda.

Em alguns casos, será difícil se desviar das formas "tradicionais" de marketing. Pode ser que quando você estiver pronto para lançar uma nova tática de conteúdo, o seu chefe "jogue areia" e diga algo do tipo: "Encontrei um orçamento melhor em execução de publicidade off-line". Seja persistente. Há muito por fazer. Além do trabalho de criar e promover conteúdo de qualidade, você tem a missão de educar o mercado e as pessoas com as quais trabalha. O século XXI começou há 16 anos, mas muita gente ainda está no século XX. Faz parte do trabalho explicar aos desavisados as mudanças pelas quais o mundo está passando. Essa é parte da missão deste livro, inclusive.

Enfim, há muitos desafios a serem superados, mas não desanime. A boa notícia é que o esforço vale cada centavo. O ROI do marketing de conteúdo é hoje um dos maiores da internet, se não o maior.

Público-alvo: saiba o que e para quem você está falando

Imagine você lançando um carro para quem gosta de motos, promovendo um bife para um vegetariano, vendendo Microsoft para quem é fã de Apple. Não é nem preciso dizer que será um fracasso total, não é? Para evitar coisas desse tipo, foque em uma persona específica e direcione o conteúdo para ela.

Ao se concentrar em um único indivíduo, você tem a capacidade de exercer uma conversa significativa, o que ajuda a criar conteúdo que trata de questões exclusivas, desafios e aspirações que a persona tem de fato. Todos nós, em algum momento, já experimentamos isso: mensagens incompatíveis que demonstram claramente que a marca não sabe no que estamos realmente interessados.

"Escrever tudo para todos" é um dos piores erros que se pode cometer. Você não apenas perde consumidores no ciclo de vendas, como também tem todo o seu esforço em conteúdo diluído. Com isso, não causa o impacto que deveria causar. Mais do que saber o que é preciso dizer, é preciso saber o que não dizer. "Limite os assuntos". Não se pode abordar tudo para todos. Em outras palavras, escolha criteriosamente o que vale a pena ou não abordar em seu conteúdo. Ignore isso e veja tudo descer pelo ralo.

O conteúdo certo, para a pessoa certa, no momento certo

Os clientes passam por várias etapas até tomarem a decisão de compra. Ao compreender estes passos e alinhar o seu conteúdo com eles, você pode satisfazer as suas preocupações, responder suas perguntas, aliviar as objeções e aumentar a sua confiança em cada fase, o que vai ajudá-lo a dar o próximo passo no processo.

As etapas do ciclo de compra incluem Descoberta, Interesse, Consideração, Avaliação, Decisão de Compra e Retenção.

```
EXPOSIÇÃO
DESCOBERTA
CONSIDERAÇÃO
AVALIAÇÃO
DECISÃO
```

Independentemente de quantos passos você identificar no seu processo, e como decidir chamá-los, o importante é ter um ciclo de compra bem planejado para cada persona. Isso irá ajudá-lo a criar o tipo de conteúdo que mais agrada a cada tipo de cliente em cada uma das fases do processo.

Para cada fase do funil, existem palavras típicas que acionam o interesse do seu lead e buscas no Google que costumam representar a fase em que o seu cliente potencial se encontra:

Topo do Funil (público geral)	Objetivo	Apresente sua solução de acordo com a etapa (use as palavras sugeridas abaixo)
	Palavras típicas	Dicas, problemas, resolver, upgrade, melhorar, otimizar, prevenir etc.
	Função	Educar, instruir, mostrar possibilidades.
	Formatos	Posts, infográficos, e-books abrangentes, apresentações.

Meio do funil (leads)	Objetivo	Apresente sua solução de acordo com a etapa (use as palavras sugeridas abaixo)
	Palavras típicas	Solução, serviço, fornecedor, ferramenta, dispositivo, software, aplicativo etc.
	Função	Engajar, qualificar, nutrir o lead.
	Formatos	E-books específicos, webinários amplos, whitepapers, perguntas e respostas, newsletters, e-mail marketing

Fundo do Funil (leads qualificados)	Objetivo	Apresente sua solução de acordo com a etapa (use as palavras sugeridas abaixo)
	Palavras típicas	Comparação, versus, compensação, prós e contras, benchmarks, avaliações, testes.
	Função	Qualificar para compra, encorajar a ação.
	Formatos	Demos, vídeos, reuniões presenciais, e-mails individuais, tira dúvidas, webinários.

Para ficar ainda mais claro, veja alguns exemplos de conteúdos típicos para cada fase do funil:

Descoberta e aprendizado

- Por que prestar atenção "nesse tema"?
- Os 7 benefícios de _____ para "tal segmento de empresas".
- Qual o papel de _____ na sua empresa.
- Dicas para superar problemas com _____.
- Como melhorar o desempenho de _____.
- Empresas trabalham para prevenir _____ em 2017, saiba o que fazer.

Reconhecimento do problema

- Quero saber mais sobre esse problema. Como resolver?
- Ferramentas para superar _____.
- Como fazer _____ em 7 passos.

- O que você não sabia sobre _____.
- Checklist: Como implementar uma campanha de _____.

Consideração da solução

- Estudo de caso: Como a empresa X fez _____.
- X cuidados que sua empresa deve ter para escolher a ferramenta ideal para _____.
- Relatório da indústria: como o mercado está investindo em _____.
- Prós e Contras de adotar _____ na sua organização.

Decisão da compra

- Porque a empresa _____ é a melhor opção no mercado de _____?
- Comparativo: a diferença entre a empresa A e a empresa B.
- 15 benefícios exclusivos que apenas nossos clientes possuem.
- Demonstração: como funciona a ferramenta _____.
- Teste Final: confira estes 9 pontos antes de contratar _____.

Note que os exemplos acima não são os mais criativos. Os mantive simples para que sejam mais didáticos. Adapte, crie, ajuste e abuse da criatividade para que a técnica funcione bem no seu mercado específico. Quanto mais convincente e único for o seu conteúdo, mais ele se destacará dos concorrentes e será visto no mar de conteúdo que é a internet.

Conte sua história com exemplos focados no cliente

O storytelling funciona muito bem, principalmente quando é relevante para as necessidades e aspirações do seu cliente. Seu conteúdo não deve ser focado nas características do produto ou serviço. Apresente exemplos do mundo real e de como a solução pode ser usada para resolver os problemas específicos da persona. Algumas ideias para você colocar isso em prática são: histórias de sucesso de clientes, estudos de caso, resumos de soluções, resumos práticos, comentários dos clientes existentes e métricas que mostram resultados ou comparações de ROI.

Use imagens significativas para o seu cliente no conteúdo

Conteúdos contendo imagens relevantes geram quase o dobro de visitas do que conteúdo sem imagens, isso porque quando compartilhados em Redes Sociais, terão muito mais engajamento se tiverem uma imagem associada ao título e descrição do post. Posts com imagens do produto em ação, exemplos de aplicação e galerias de imagens com exemplos também produzem mais efeito de compartilhamento do que simples conteúdo em texto.

A partir de uma fotografia interessante e ilustrações informativas, seu conteúdo terá mais chances de impactar o leitor. Inúmeros estudos confirmam que o olho humano gosta de imagens. Mas é bom saber de uma coisa: não só porque você capta a atenção por uma imagem que você consegue manter o seu leitor engajado. Há um grande volume de estímulos visuais transitando no universo digital. A imagem do seu conteúdo precisa, acima de tudo, se destacar da maioria. E a melhor forma de fazer isso é usando imagens reais. Procure utilizar fotos, gráficos e outros elementos visuais que provem que o seu produto funciona de verdade.

* http://bit.ly/2dsdZL9

Vá além do
do e-book em PDF

O formato desempenha um papel importante na hora de entregar algo de valor aos seus leads e clientes, tanto quanto o conteúdo em si. Embora os whitepapers, catálogos e PDFs ainda sejam relevantes, há outros formatos de conteúdo abrindo um mundo de oportunidades no fornecimento de informações.

Por que não entregar uma apresentação em SlideShare, por exemplo? Por que não criar um vídeo animado? Um Infográfico? Em e-book folheável (daqueles que imitam páginas reais sendo folheadas)? Um formato com vídeo embutido? Com links para vídeos? Se o PDF ainda for a melhor escolha, por que não pode ser interativo? Por Santa Maria da Conversão, seja criativo!

As possibilidades e preferências do leitor evoluem rapidamente, por isso esteja certo do que as suas personas estão mais propensas a consumir. Escolha os formatos mais funcionais para usar em seu marketing de conteúdo.

Minha dica de ouro aqui é conhecer o Trakto, uma ferramenta de design que permite criar apresentações, e-books e materiais ricos online, direto no navegador, com design de alta qualidade. A Trakto é uma startup brasileira genial e a ferramenta é reconhecidamente boa.

Acesse *www.livromarketingdeconteudo.com.br/ferramentas* para uma lista completa de ferramentas de Marketing de Conteúdo!

Abuse dos call-to-actions

Se você publica conteúdo, mas não direciona a ação desejada, os clientes potenciais consomem o conteúdo e vão embora sem comprar. O tradicional "Fale Conosco" nem sempre é suficiente. É preciso que, no final de cada conteúdo, haja chamadas para a ação compatíveis com onde os seus clientes potenciais estão no ciclo de compra. Seja específico sobre o que seus clientes potenciais podem fazer a seguir, orientando-os a tomar o próximo passo, de forma lógica e expressa. Somente 3% dos leads estão no momento de decisão de compra dentro de um funil, os 97% estão apenas pesquisando, e se você não se esforçar para reter alguma forma de contato deles, estará perdendo a chance de ter mais um cliente satisfeito.

Crie uma vez, divulgue em todos os lugares possíveis

Depois de investir tempo (muitas vezes considerável) para desenvolver cuidadosamente o seu conteúdo, é hora de divulgá-lo. Nessa fase, você precisa trabalhar para que sua mensagem se expanda de forma significativa. A ideia é ampliar o alcance do conteúdo ao máximo e garantir mais visibilidade e conversões. Este conceito de promoção de conteúdo vai por muitos caminhos, como escala, otimização, reaproveitamento, curadoria e derivação. Mas, em essência, significa "escrever uma vez, usar em todos os lugares de todas as formas possíveis". Capitalize seu esforço de criação de conteúdo primário e torne-o disponível em tantos pontos de contato possíveis.

Blog:
o centro do seu conteúdo

Vamos falar sobre blog novamente. Criar um blog será muitas vezes o primeiro passo para quem deseja fazer negócios. Pode funcionar como centro de todo o conteúdo online. Se você é do tipo que gosta de compartilhar ideias e formar opinião enquanto conquista mais clientes para, um blog otimizado servirá como base para o que pode ser feito em outros canais. Sem contar que é um canal barato, com alto potencial de conversão, sendo totalmente amigável aos mecanismos de busca, como o Google.

Existem alguns formatos peculiares de blogs, como o blog pessoal, o blog corporativo e o videolog. É preciso descobrir o que funciona melhor para sua empresa, mas obviamente, o blog corporativo é o que melhor se encaixa no contexto negócios.

Alguns sistemas de blogs chamam a atenção pela facilidade de publicação, disponibilizando ferramentas próprias que dispensam o conhecimento em programação. O WordPress, o Joomla e o Blogger são os mais populares. Entre eles, o WordPress é o mais usado por profissionais pelos recursos que oferecem. Eu uso o WordPress e recomendo aos meus clientes pela flexibilidade, pela oferta de profissionais e pela quantidade de plugins, integrações e ferramentas que se conectam a ele. Mas não decida isso de uma hora para outra. Aconselho que você reserve um tempo para analisar qual deles se encaixa melhor em suas preferências e necessidades.

Por fim, você pode inclusive criar um blog para sua empresa que não se chame "blog". Era comum anos atrás ver em sites de empresas uma área chamada "Notícias". Mas quem está interessado nas notícias de uma empresa? Também não é incomum ver o termo "Novidades" relacionado ao conteúdo recorrente. Você pode apenas publicar o conteúdo e sem precisar especificar a área dedicada aos posts.

Mais tipos de conteúdos que você pode usar como estratégia

Exploremos mais alguns formatos de conteúdo que você pode adotar em sua estratégia de conteúdo:

Artigos

O artigo é o tipo de conteúdo mais usado. São eles que preenchem os milhões de blogs que surgem na rede diariamente. Um artigo bem escrito e otimizado é capaz de promover muito tráfego para um site e elevá-lo no ranking dos motores de busca. Mas isso só ocorre se não forem fracos, rasos, mais do mesmo. Os melhores artigos, os que convertem, aqueles que mudam a vida das pessoas, ultrapassam as fronteiras da mesmice. São originais e criativos.

Também conhecidos por "Posts", por conta da nomenclatura que recebem dentro do WordPress, não têm relação nenhuma com o objeto científico conhecido pelo termo "Artigo". O nível técnico de um artigo para blog é muito diferente, principalmente porque nos casos que estamos tratando aqui existe um claro direcionamento para a geração de negócios. Entre os critérios de produção de artigos, estão planejamento, SEO (otimização), gramática, clareza, estética e formatação.

Muitos conteúdos não saem do anonimato e não garantem nada mais que míseros cliques e uma imensa taxa de rejeição. Com isso, são desperdiçados tempo e dinheiro. Vale destacar que um texto usado na estratégia não é redação, é conteúdo. Num trabalho de redação, seja ela voltada a propaganda ou comunicação, o processo é conceituar, criar, revisar e aprovar. Mas quando se trata de conteúdo para a web, o ciclo é muito mais abrangente e vai desde a organização da informação até o arquivamento do conteúdo.

Para escrever artigos realmente eficientes, um redator precisa se preocupar profundamente em assumir a responsabilidade de ajudar leitores online a encontrar a informação certa. No que diz respeito a ser convincente, o artigo tem de agregar valor para o usuário. Existem inúmeras técnicas de persuasão e influência que podem ser aplicadas em formatos de conteúdo, mas isso não é suficiente. Para ser convincente, o conteúdo deve gerar valor, ajudar o consumidor de alguma forma, ser fiel ao objetivo, criterioso, contar uma história.

O tamanho também é importante. Alguns estudos comprovam que os conteúdos maiores se destacam mais que os menores. Textos mais curtos, de até 1.000 palavras, têm aproximadamente metade dos compartilhamentos dos textos acima dessa média de palavras. Portanto, quanto maior o conteúdo produzido, maiores as chances que ele tem de alcançar pessoas e de ser compartilhado. Textos entre 1.000 e 3.000 palavras costumam ter o melhor desempenho na prática. Mais do que isso é melhor quebrar em partes complementares ou publicar como um e-book.

Infográficos

Infográficos são representações visuais que têm por objetivo apresentar informações complexas de forma clara e rápida aos olhos do usuário. Eles simplificam a informação de maneira visualmente envolvente a fim de atrair e informar grandes audiências. Se o objetivo é realmente chamar a atenção, o infográfico é o tipo ideal de conteúdo a ser usado.

Quando combinados o gráfico, as cores brilhantes e um texto bem escrito, a tendência é atrair muitos visitantes. A Tracto * aponta 10 razões para investir em conteúdo visual:

1. 90% das informações transmitidas ao cérebro são visuais.

2. O cérebro processa informação visual 60 mil vezes mais rapidamente do que informação em texto.

3. 40% das pessoas respondem melhor a informação visual do que em texto.

4. 46% das pessoas dizem que o layout de um site é o critério número 1 na avaliação da credibilidade da empresa.

5. Posts que contêm infográfico têm 12% mais tráfego do que os que não contêm.

6. Posts que incluem vídeo atraem três vezes mais links do que posts só em texto.

7. 700 vídeos do YouTube são compartilhados no Twitter a cada minuto.

8. Fotos no Facebook geram mais interação do que textos, vídeos e links.

9. As pessoas gastam o dobro do tempo em páginas com vídeos.

10. Pessoas que assistem a um vídeo estão 85% mais dispostas a comprar o produto.

Outra grande vantagem do infográfico é que ele se torna um ativo reutilizável, podendo ser repetido em situações futuras. Acaba se tornando, em muitos casos, um formato excelente para contar histórias e engajar seguidores. Este tipo de conteúdo também pode ajudar na consolidação de sua empresa no mercado. Se um infográfico se torna popular na rede, mais as pessoas vão reconhecer sua marca.

Vídeos

Imagine-se cinco anos no futuro. Você estaria lendo este livro ou estaria assistindo um vídeo explicando os formatos de conteúdo?

De alguns anos para cá, o tráfego através dos vídeos quase triplicou. A Cisco prevê que em 2017, o vídeo será responsável por 66% de todo o tráfego da internet *. O vídeo é o futuro do marketing de conteúdo e, nesse caso, o futuro já está presente.

Mais da metade das empresas já está fazendo uso desse formato. Segundo o Content Marketing Institute, aproximadamente 64% dos responsáveis por empresas esperam que o vídeo seja o carro chefe de suas estratégias num futuro próximo *. Não é difícil descobrir o motivo. Quando se trata de alcance, o vídeo é incomparável. Ele pode ser consumido em praticamente qualquer dispositivo, do smartphone ao sistema multimídia do carro. E tudo isso pode se transformar em estratégia de marketing de conteúdo. Assistir um vídeo exige um esforço cognitivo muito menor do que ler um livro, um e-book ou um case. Crescemos acostumados a assistir televisão, e o YouTube nos fez consumidores vorazes de informação em formato de vídeo.

---

* http://bit.ly/2drZOdr
  http://bit.ly/2dl2IPj
  http://bit.ly/2dAjJ5H

Newsletters

O que seriam das campanhas de e-mail marketing sem as newsletters? Os boletins informativos, em português, seguem um formato editorial consistente direcionado para segmentos específicos de clientes. Muitas vezes, são utilizados para construir e manter relacionamentos fortes com os clientes em potencial, fornecendo dicas úteis, informações relevantes e as principais notícias da empresa.

Uma newsletter de sucesso deve incorporar uma série de recursos inteligentes. O copywriting é um elemento indispensável nesse sentido, contribuindo para a boa impressão e marca de uma empresa. A Nielsen Norman Group realizou um estudo que sugere que os leitores acabam se tornando emocionalmente ligados às newsletters, ficando ansiosos por recebê-las, desde que sejam oportunas e informativas.

Quanto ao formato, você pode experimentar um padrão bastante funcional para criação de seu conteúdo:

Novidades – Notícias de negócios importantes ligadas ao setor, a fim de manter o público atualizado.

Conteúdo educacional – E-mails que fornecem aos receptores conteúdos que tratam de conceitos educacionais e ajudam a ampliar os conhecimentos sobre um determinado assunto.

Comentários – Fontes úteis que você conhece e mostra ao seu público. Ele pode se beneficiar, por exemplo, de um debate interessante que flui em algum post de seu blog.

Dicas – Criar uma série de dicas úteis sobre o seu produto ou serviço, sobre o seu segmento de mercado e mostrar pequenos casos de uso que ajudem outros clientes a ter sucesso.

Estudos de caso

Estudos de caso são análises aprofundadas de eventos. Ele fornece a abordagem para analisar informações e reportar os resultados para obter um melhor entendimento ou visão de um conceito ou ideia específica. Segundo o livro Regras de Conteúdo, estudos de caso formam o único grande segredo para criar uma história convincente de sucesso de cliente.

Uma das melhores formas de aprender sobre alguma coisa é observar o que os outros estão fazendo. Você pode utilizar os estudos de caso em sua estratégia de marketing de conteúdo, e com profundidade, levar seu público a uma maior compreensão dos benefícios dos produtos ou serviços. Cerca de 88% dos profissionais de marketing B2B consideram esta tática a ação mais efetiva de marketing.

Você pode tornar sua estratégia de conteúdo altamente convergente divulgando os processos que outras organizações estão adotando para obter melhores resultados. Infelizmente a maioria dos estudos de caso são compostos por artigos secos, tristes, pontuados por estatísticas e informações entediantes que chateiam em vez de inspirar. Para que seja positivo, o estudo de caso deve ser norteado por uma história que o público queira ouvir. O uso do storytelling se torna essencial nesse caso.

Você pode se valer dos formatos anteriores para expor essas experiências. Pode separar um espaço em seu site, uma página só para divulgar os melhores casos. O estudo de caso pode ser um passo a passo que explica em detalhes as necessidades da empresa em questão, os objetivos dela em relação à solução, como foram conduzidos os processos e quais os resultados alcançados.

Um ótimo exemplo de estudos de caso pode ser encontrado no site da consultoria em otimização de conversões Supersonic. Os consultores Rafael Damasceno e Filipe Reis mostram passo a passo como fazem o que fazem: ***www.gosupersonic.com.br/clientes-e-resultados***

Depoimentos

O uso de depoimentos, testemunhais ou entrevistas é um recurso poderoso de persuasão. É muito diferente uma empresa afirmar "temos o melhor sistema de ERP do mercado" e um cliente afirmar "esse é o melhor ERP que já usei na vida".

A força do depoimento, no entanto, não está no elogio rasgado ou na simples recomendação. Um depoimento, testemunhal ou entrevista com um cliente devem contar uma história. É essa história que será entendida pelo cliente potencial, o lead, a ponto de influenciar a sua decisão.

Esta história deve se basear em três momentos:

1. O problema do lead: em qual situação o lead, ou a empresa dele, se encontrava antes da solução?

2. A descoberta e a implantação da solução: como foi o processo de mudança? Os desafios vencidos, o suporte recebido, a transformação em curso?

3. Os resultados alcançados: qual foi a transformação alcançada, como o cenário ficou após a mudança, quais metas foram atingidas?

Para conseguir este resultado no vídeo, basicamente a filmagem deve ser conduzida em forma de perguntas numa entrevista:

- Oi, quem é você? Seu nome, o que você faz e de onde vem?
- Como você se sentia em relação à dificuldade no seu negócio? Quais as consequências que isso gerava? Quais prejuízos? Como era antes?
- Como você descobriu a solução para o seu problema? O que mudou para você durante a implantação? O que você sentiu que mudou?
- Como foi esta transformação? Como as coisas ficaram após a mudança? Quais resultados foram alcançados? Quais metas foram atingidas?

Na edição do vídeo, é comum cortar as perguntas e a apresentação do entrevistado. A primeira pergunta existe porque falando de si mesma a pessoa fica mais à vontade em frente à câmera. No vídeo final, o efeito costuma ser melhor quando a história já começa direto no problema. Isso porque seus leads irão se identificar diretamente com quem dá o depoimento.

Na edição, ao cortar as suas perguntas do entrevistador, a edição lembrará um tom de documentário, como se fosse uma história em três etapas: um grande problema, a descoberta da solução e o resultado da transformação.

Como disse um aluno meu uma vez: "Só essa dica já vale o curso todo". Mas o livro continua...

Neste capítulo você viu:

- Ao criar, lançar e promover conteúdo, você consegue obter respostas emocionais do público, atrair audiência e gerar mais oportunidades de negócios. Nas mídias sociais, por exemplo, provocar essa conexão é fundamental.

- As pessoas compartilham conteúdo que consideram inspirador e que aparentemente tem a capacidade de mover os outros da mesma forma.

- Os clientes passam por várias etapas até tomarem a decisão de compra. Ao compreender estes passos e alinhar o seu conteúdo com eles, você pode satisfazer as suas preocupações, responder suas perguntas, aliviar as objeções e aumentar a sua confiança em cada fase, o que vai ajudá-lo a dar o próximo passo no processo.

- As etapas do ciclo de compra incluem: Exposição, Descoberta, Interesse, Consideração, Avaliação, Decisão de Compra e Retenção.

- Seu conteúdo não deve ser focado nas características do produto ou serviço. Apresente exemplos do mundo real e de como a solução pode ser usada para resolver os problemas específicos da persona.

- Algumas ideias para você colocar em prática são: histórias de sucesso de clientes, estudos de caso, resumos de soluções, resumos práticos, comentários dos clientes existentes e métricas que mostram resultados ou comparações de ROI.

- Criar um blog será muitas vezes o primeiro passo para quem deseja fazer negócios. Pode funcionar como centro de todo o conteúdo online. Se você é do tipo que gosta de compartilhar ideias e formar opinião enquanto conquista mais clientes, um blog otimizado servirá como base para o que pode ser feito em outros canais.

- Um blog é um canal barato, com alto potencial de conversão, sendo totalmente amigável aos mecanismos de busca, como o Google.

- Tipos de conteúdo que você pode usar em sua estratégia:
  - Artigos, textos ou posts.
  - Infográficos.
  - Newsletters.
  - Estudos de caso.
  - Depoimentos.
- A história de um depoimento deve se basear em três momentos:
  - O problema do lead: em qual situação o lead, ou a empresa dele, se encontravam antes da solução?
  - A descoberta e a implantação da solução: como foi o processo de mudança? Os desafios vencidos, o suporte recebido, a transformação em curso?
  - Os resultados alcançados: qual foi a transformação alcançada, como o cenário ficou após a mudança, quais metas foram atingidas?

CASE
Superlógica

O Superlógica é um sistema de gestão voltado à economia da recorrência que atua em 4 verticais: assinaturas (SaaS e produtos/serviços digitais), condomínios, imobiliárias e educação. O público-alvo é composto por diretores-financeiros, CFOs, CEOs, administradores e gestores que precisam automatizar atividades da área financeira como cobranças, envio de boletos e nota fiscal, notificações sobre pagamento, controle de inadimplência, relatórios e métricas de cobrança de clientes. O sistema aumenta a produtividade da área financeira, pois economiza tempo e evita erros que as atividades manuais estão sujeitas.

O problema

A Superlógica precisava de uma estratégia para gerar tráfego qualificado, rankear no Google, aparecer nas buscas orgânicas e gerar demanda para o negócio, diminuindo o Custo de Aquisição de Clientes (CAC).

Sabendo disso, levantamos as palavras-chave mais relevantes para o negócio e quais as principais dúvidas que as personas tinham ao fazer estas buscas. Iniciou-se um brainstorm em busca de oportunidades para implementar o marketing de conteúdo como um grande hack de crescimento.

A ideia

As pessoas buscam tudo o que elas querem saber no Google: dúvidas, problemas, dores, soluções, como fazer, onde encontrar, qual é a melhor solução. No mercado B2B (vendas corporativas) as buscas representam 80% do resultado de geração de leads e vendas, segundo pesquisa da 123 Marketing.

Segundo o Consumer Barometer 2016 do Google, 56% das pessoas utilizam resultados de busca como fonte de pesquisa de informação. Se as pessoas vão ao Google com a intenção de fazer perguntas, a Superlogica precisava oferecer essas respostas para ser encontrada pelos seus leads.

Palavras-chave estratégicas, conteúdo rico e completo, SEO bem feito e antecedência na publicação iriam ajudar a empresa a rankear bem no Google, antes mesmos das buscas começarem.

Boleto sem registro: o início da estratégia

A grande oportunidade/estratégia surgiu com uma nova lei que entra em vigor no Brasil em janeiro de 2017 - o fim do boleto sem registro. A partir dessa data, o boleto com registro passa a ser obrigatório e isso certamente seria uma dúvida bastante procurada pelas personas no Google, visando adaptar seus negócios quando a lei passasse a vigorar.

Com base na expressão "boleto sem registro", a Superlógica criou um post completo sobre o assunto: o que acontece, como é a lei, o que muda com isso, como as empresas terão de se adaptar. A intenção é ser encontrada no Google quando as pessoas iniciarem a busca por essa solução e responder as dúvidas, gerando tráfego orgânico e qualificado e nos posicionando como referência, construindo autoridade de marca.

http://superlogica.com/o-fim-do-boleto-sem-registro/

Estratégia de conteúdo evergreen

A expectativa é que essa expressão "boleto sem registro" tenha um boom de buscas até dezembro de 2016. Milhares de empresas vão buscar uma solução para o problema do fim do boleto sem registro e encontrarão a resposta que procuram no post da Superlógica - que, além de tudo, oferece boleto com registro e um sistema capaz de automatizar toda a gestão financeira da empresa, poupando muitas horas por mês e consequentemente aumentando a produtividade do time financeiro.

Qual a tendência natural desse case? Exatamente: milhares de visitantes, centenas de leads gerados, trials e novos clientes para a Superlógica, além da autoridade, credibilidade e confiança.

Resultados

A publicação do artigo causou um boom no tráfego do site, tendo um pico de acesso em fevereiro e março. Esse post está nas primeiras posições do Google, o que acaba gerando enorme tráfego orgânico vindo da ferramenta de busca, fazendo com que esse seja hoje o principal canal de aquisição de novos leads. É a terceira página mais acessadas do site da Superlógica com mais de 44 mil visitas e o artigo tem mais de 8 mil compartilhamentos nas redes sociais.

Para impulsionar rapidamente o blog post, a Superlógica produziu e publicou guest posts em sites como Portal Administradores.com, Saia do Lugar e outros, que já renderam milhares de acessos desde então.

* *Pico de acessos em fevereiro e março de 2016, data da publicação do artigo.*

Páginas mais acessadas

Título	Pageviews	Tempo na Página	Taxa de Rejeição
/	104431	2m 2s	66%
/condominios/	45135	2m 14s	73%
/o-fim-do-boleto-sem-registro/	44341	5m 22s	91%
/assinaturas/	24796	3m 38s	81%
/como-fazer-reajuste-de-contratos-assinaturas-e-men...	15392	4m 56s	91%
/recursos/boleto-conciliacao-remessa-retorno/	14048	5m 28s	93%
/trial/	9812	1m 42s	73%

Páginas mais acessadas do site desde o início de 2016

Em terceiro lugar, o artigo sobre fim do boleto sem registro, em quarto lugar a página de vendas e em sétimo lugar com quase dez mil visitas, a página de trial. Ou seja, o tráfego qualificado está acontecendo, de maneira orgânica e gratuita, e esses visitantes chegam na página de vendas e criam um trial, ficando assim muito próximos de se tornarem clientes efetivos da plataforma.

	Origem/mídia	Sessões	Porcentagem de novas sessões	Novos usuários
		270.032 Porcentagem do total: 100,00% (270.032)	66,24% Média de visualizações: 66,21% (0,04%)	178.873 Porcentagem d total: 100,04% (178.795)
1.	google / organic	98.846 (36,61%)	66,68%	65.915 (36,85%)
2.	(direct) / (none)	68.593 (25,40%)	68,25%	46.817 (26,17%)
3.	google / cpc	30.851 (11,42%)	72,43%	22.344 (12,49%)
4.	m.facebook.com / referral	22.260 (8,24%)	95,63%	21.288 (11,90%)
5.	superlogica.com / referral	9.025 (3,34%)	3,71%	335 (0,19%)
6.	RD Station / email	7.797 (2,89%)	45,76%	3.568 (1,99%)
7.	facebook.com / referral	7.378 (2,77%)	56,57%	4.230 (2,36%)
8.	promo.superlogica.com / referral	2.821 (1,04%)	0,14%	4 (0,00%)

Google/Orgânico - principal canal de aquisição

Estratégia de conteúdo profundo

Com este excelente resultado obtido em um material (tráfego, leads, vendas), a Superlógica partiu para a ação de criar landing pages completas, com tudo que o lead precisa saber sobre o universo de pagamento recorrente: como reduzir inadimplência, ferramentas de pagamento recorrente, economia da recorrência, sucesso do cliente, como evitar churn (cancelamento) - ou seja, responder as principais dúvidas e problemas do público-alvo, educar o mercado e gerar milhares de visitas orgânicas e leads qualificados.

Como reduzir a inadimplência em negócios recorrentes

http://superlogica.com/como-reduzir-inadimplencia/

A empresa já possuía um post no blog contando como reduziu a inadimplência utilizando algumas táticas e ferramentas do próprio sistema, e percebeu que este conteúdo ajudava muito o time de vendas a fechar negócios.

Decidiu-se então ampliar este conteúdo e oferecê-lo gratuitamente. Mais uma vez o resultado foi muito positivo: a página está nas primeiras posições do Google, gerando muito tráfego orgânico e, consequentemente, leads qualificados, oportunidades e clientes.

Pagamento recorrente: o guia completo e definitivo

http://superlogica.com/pagamento-recorrente/

Logo depois outro conteúdo longo foi desenvolvido para uma terceira landing Page, para fomentar essa estratégia e repetir o mesmo processo: muita pesquisa, busca de oportunidades, palavra-chaves mais importantes. O conteúdo da vez foi sobre pagamento recorrente: o que é, como funciona, quais tipos de serviços, como cobrar clientes, principais métricas, nichos de mercado, sistemas, ou seja, absolutamente tudo sobre pagamento recorrente.

Além do conteúdo, houve uma grande preocupação com a direção de arte e design, com ilustrações e layout diferenciados. Cada landing page possui sua própria identidade visual, remetendo ao tema central que aborda, construídas de forma totalmente indexável pelos buscadores e otimizada para gerar tráfego e leads.

O Growth Hacking dentro da estratégia

Como investiu na produção de páginas completas e não e-books, a estratégia de captação de leads precisou ser bem pensada e executada com maestria e acompanhamento diário, pois foram retirados os formulários de conversão característicos dos e-books, nos quais o visitante deixa dados (principalmente o e-mail) para ter acesso ao conteúdo produzido.

Por outro lado, alterando o formato de e-book para página, a Superlógica conseguiu um volume muito maior de tráfego orgânico, desenvolvendo um trabalho muito mais relevante de SEO e certamente melhorando a experiência do usuário, que busca o que precisa saber e tem rápido acesso ao conteúdo, pois o objetivo é sanar alguma dúvida ou dor.

Além disso, em recente pesquisa com o público, percebeu que muitos faziam o download dos e-books mas não conseguiam ler totalmente o conteúdo, por falta de tempo, então deixavam o material numa pasta no computador para um dia, quem sabe, ler o conteúdo. E isso atrasava as conversões de trials.

Todo o processo e estratégia foram muito bem desenhados para captar leads, só que de uma maneira mais sutil, implícita, gerando valor e interesse no visitante, para que ele queira converter e não apenas utilizando o conteúdo como mera moeda de troca.

Capturando leads

Existem mil maneiras de captar um lead em uma página. Pop-up de aterrissagem (welcome mat), exit intent, scroll bar, smart bar, links para outras páginas ou materiais com formulário de conversão.

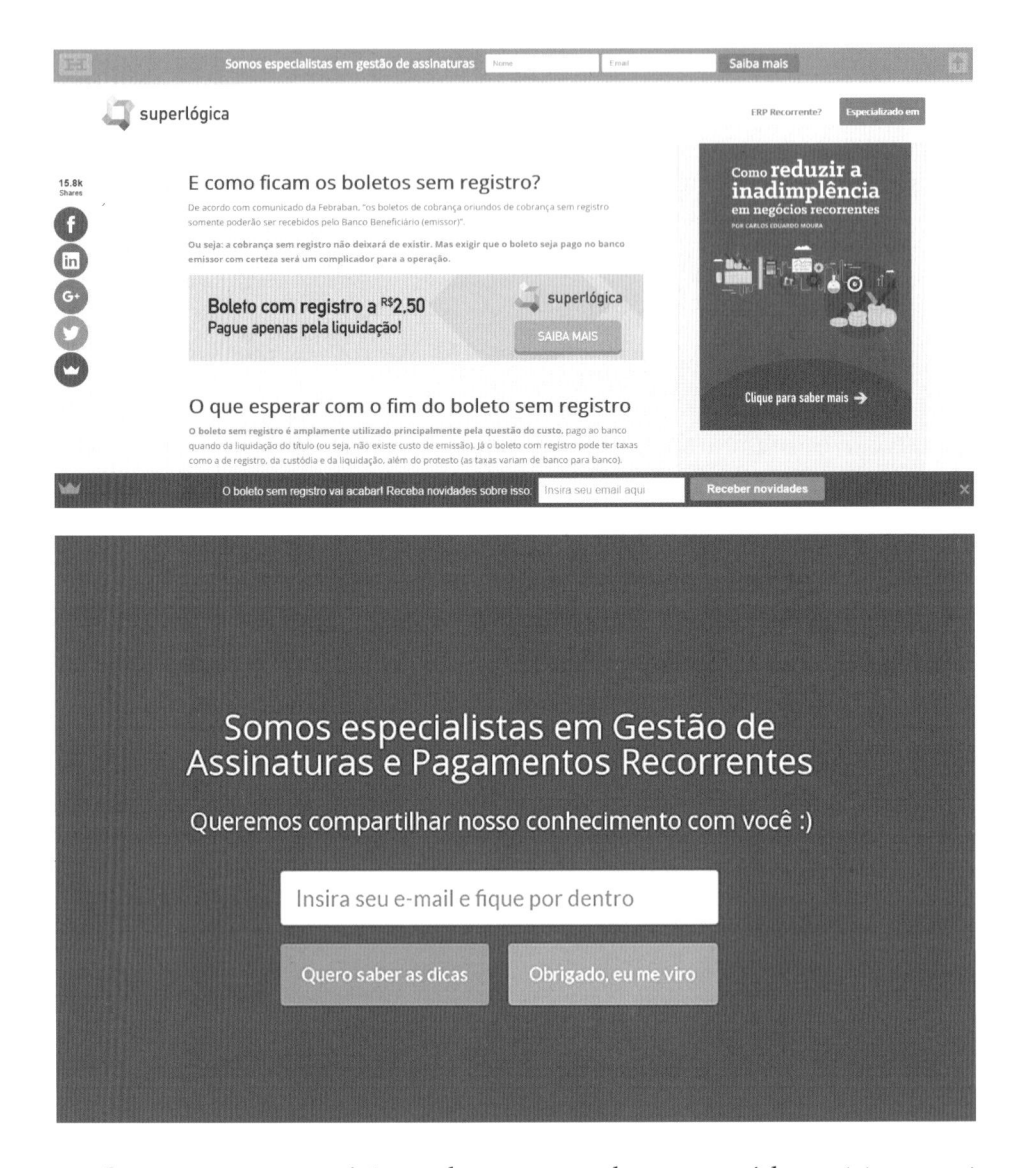

Com contexto, propósito e, claro, um excelente conteúdo, o visitante vai fazer questão de converter e não perder suas dicas e materiais. Os pop-ups da Superlógica têm uma média de 4% de conversão.

Ferramentas utilizadas: Sumome, OptinMonster, Picreel, Hello Bar.

Analisando o comportamento

É importante analisar o comportamento da audiência na página, por intermédio de gravações, heat maps, tempo de duração na página, até onde foram no scroll, onde clicaram. Uma publicação deve ser um organismo vivo, em constante otimização.

Ferramentas utilizadas: LuckyOrange, Sumome, Crazy Egg.

Rastreamento, remarketing e "look a like"

Até aqui tudo OK. Página impecável, SEO otimizado, conteúdo excelente, tráfego e engajamento bombando, pop-ups e formas de captar leads que serão nutridos nos fluxos de automação de marketing etc. Mas e quem não converteu? Como otimizar ainda mais?

É importante inserir na página pixels de rastreamento, que marca e acompanha quem visitou e leu sua página. Com isso você pode construir uma audiência personalizada no Facebook, por exemplo, com o público que acessou a página nos últimos meses e oferecer a eles um conteúdo similar, um e-book, convidar para um evento, mostrar um vídeo da sua empresa para quem leu o conteúdo até o final e muitas outras possibilidades.

Outra ideia é, com a lista de e-mails das pessoas que converteram na página, construir uma audiência "look a like" no Facebook Ads, para que ele mostre um anúncio para outras pessoas com o mesmo perfil e que portanto, têm mais chance de converter na sua página.

Sabemos que experiência de marca não é o que falam de você, mas sim o que falam de você quando você não está na sala. Então é muito importante que outros sites, blogs e formadores de opinião façam referência à sua página ou site. É importante pensar em parcerias com sites, blogs e portais relevantes e interessantes para seu público-alvo.

Foi nisto que a Superlógica apostou. E o resultado até a publicação deste livro mais do que havia compensando, em poucos meses.

_ Capítulo 7

Canais de conteúdo

"Se você tem mais dinheiro que cérebro, deve focar em marketing de interrupção. Se tem mais cérebro que dinheiro, deve focar em Inbound Marketing."

_Guy Kawasaki

Tráfego orgânico, tráfego direto, tráfego de referência, mídia paga, mídias sociais, e-mail marketing, SEO. Uma sopa de letrinhas que gera confusão para empreendedores, empresários e até mesmo para gestores de marketing. Tudo mudou tão rápido em 20 anos que não deu tempo para muitos profissionais acompanharem as mudanças. A verdade é que a quantidade de profissionais com experiência em ambientes digitais ainda é escassa.

Se por um ângulo toda a internet é vista por alguns profissionais apenas como um "canal digital" (termo comumente visto em planejamentos de grandes empresas), outros milhares de empresas focam todo o seu esforço de comunicação de marketing apenas no ambiente digital. Esta é uma discussão antiga e que gera um debate interminável e inconclusivo.

O que interessa, no contexto a que este livro se propõe, é entender que para micro, pequenas e médias empresas, a internet abriu uma série de opções inéditas de comunicação, relacionamento e vendas. Nunca foi possível para tantas empresas alcançar tantos novos clientes com tão poucos recursos. Isso é indiscutível. O mundo digital tornou possível a empresas que ainda não faturam milhões alcançar muito mais cliente em bem menos tempo e com muito menos recursos.

As grandes empresas veem as coisas sob outros aspectos e dispõem de orçamentos milionários, o que torna o jogo diferente para elas. Em geral recorrem às agências gigantes de publicidade, que olham para a comunicação de forma bem diferente. O universo digital é complexo demais, porém menos lucrativo que o universo "off-line" e por isso muita coisa é terceirizada, quarteirizada ou executada com olhar simplificatório. Até houve um movimento que tentou unificar os olhares, colocando online e off-line dentro do mesmo guarda-chuva, mas esse movimento não prosperou.

Antes de continuar, cabe observar que tudo o que é abordado neste capítulo é aplicável em empresas de qualquer porte, mas o impacto nos negócios terá escalas diferentes quanto maior o negócio for. Para uma pequena empresa, cem mil visitas por mês podem representar milhões de reais em faturamento. Para uma grande empresa, as mesmas cem mil visitas podem não servir para quase nada, quando o público-alvo é composto de dezenas de milhões de consumidores. Curiosamente, a internet é vista com um "olhar de Robin Hood": um canal onde o pequeno pode se tornar grande se conseguir enxergar as oportunidades e executar com eficiência as estratégias e táticas mais adequadas para o crescimento que ele pretende alcançar!

Há uma série de canais de contato com o mercado e com o consumidor disponíveis. É preciso saber quais canais trazem mais resultado para o seu negócio, quais canais precisam melhorar o desempenho e quais você deixar de investir. Cada canal tem suas peculiaridades, sendo alguns melhores para atração, outros para relacionamento ou venda. É interessante não dependermos somente de um canal, pois o mesmo pode saturar e nos deixar na mão. Nesse capítulo vamos explorar um pouco os principais canais de aquisição no marketing digital e como usá-los em sua estratégia de marketing de conteúdo.

Os canais digitais de tráfego

Website

O website (ou apenas site) sempre foi visto como um dos pontos principais de contato entre um negócio e seus consumidores e também como principal canal de tráfego. Apesar de toda a mudança causada pelas mídias sociais e agora mais ainda com a queda do alcance orgânico dentro de cada rede social, o website ainda é um canal importantíssimo. É no website que chega o tráfego direto, aquelas visitas que acontecem toda vez que um consumidor digita a URL do website diretamente no navegador. Para que isso aconteça de forma constante, as pessoas já devem conhecer bem a sua marca ou receber uma indicação de um amigo, se deparar com a divulgação em um evento ou ser estimuladas por alguma comunicação off-line, por exemplo. Pode ser que a pessoa esteja retornando ao endereço também, o que significa que está em busca de mais informações, de material de apoio ou que gostou do seu conteúdo e do valor que seu negócio oferece.

Ter o domínio do website na "boca do povo" é o que todo mundo quer. Mas para chegar a esse nível, é preciso que se ofereça sempre "conteúdo fresco". Se você não atualiza ou demora para atualizar o site, logo as pessoas que entram por ele através do tráfego direto o estarão abandonando. A frequência de atualizações determinará um timing de produção e poderá até deixar o usuário ansioso pela próxima publicação, dependendo, claro, do tipo de posicionamento e do nível de relacionamento com o público. Já vi leads dizendo a um coach que não viam a hora da quarta-feira chegar para ler o artigo da semana!

Sempre aconselho aos meus alunos e clientes de consultoria que não basta apenas "esperar sentado". É bom agir como evangelizador e tornar o endereço do site de uma empresa mais conhecido. As estratégias de marketing digital foram criadas para isso, no entanto, outros tipos de ações ainda funcionam e não precisam ser excluídas da lista. Entenda que não se trata de "online versus off-line" ou "digital versus tradicional". As mídias tradicionais e eventos presenciais são mais do que válidos para expandir o conhecimento sobre da sua empresa e gerar mais tráfego direto para seu site.

Mas de nada vale atrair novos leads em eventos e criar campanhas se não houver a retenção mínima de informações para manter contato com eles por semanas, meses e anos. Por isso, quando se trata de marketing de conteúdo, focamos tanto na captação de leads. Você precisa ter alguma forma de manter contato com as pessoas que acessam o site: um e-mail, uma notificação via browser, uma notificação via aplicativo no Facebook, um seguidor numa rede social, um anúncio de remarketing, enfim, de alguma forma, é preciso manter "a conversa" na mente do cliente potencial e do cliente atual.

O seu website é o ambiente onde você tem o maior nível de controle sobre os clientes, e onde você pode oferecer a eles o máximo possível de formas de contato e relacionamento, deixando que eles escolham a forma mais conveniente de ser contatado.

Website mobile

Um segundo canal de tráfego é o website mobile. Poderíamos resumir este canal como "a versão móvel do seu website", mas não é suficiente, pois é preciso fazer conteúdo e design pensando diretamente na usabilidade para o usuário. Já sabemos que as pessoas gostam de fazer coisas rápidas no smartphone, enquanto estão esperando na fila ou estão deitados na cama antes de dormir. Nem mesmo quando a intenção é apenas entretenimento, ninguém gosta de esperar um site carregar ou ler alguma coisa longa demais.

No smartphone também estamos mais sujeitos a interrupções, pois cada aplicativo tem suas notificações e todos rodam paralelamente. Enquanto alguém lê um texto seu ou vê um vídeo no seu canal, pode chegar uma mensagem no WhatsApp e a pessoa pode se distrair. Com isso, lá se vai embora a atenção que sua empresa estava recebendo.

Quanto melhor a usabilidade, maior a chance de o usuário ler o conteúdo até o final. Por isso que somente migrar o conteúdo do site original, não é exatamente pensar na experiência do usuário. Soa mais como "publicar alguma coisa para não ficar de fora".

Já existe informação demais dentro e fora da web para as pessoas se preocuparem com conteúdo que não é feito pensando na experiência delas. Usabilidade é um conceito fundamental que diz respeito à facilidade de uso por parte do seu cliente. Se ele não conseguir usar seu aplicativo ou navegar no seu website mobile, simplesmente vai embora e pode ser que nunca mais retorne. A obrigação de facilitar as coisas para os visitantes é sua.

O conteúdo mobile compete com tantas distrações possíveis do mundo – sinal de trânsito, barulhos, filhos chamando, pessoas conversando, olhares no relógio, atrasos para sair – por isso deve ser muito acessível. É de fato a informação na ponta dos dedos. Não está fácil no seu menu? Pelo menos precisa estar fácil de achar. Cuide para que o segundo canal de tráfego de sua estratégia de conteúdo funcione perfeitamente. Quem avisa, amigo é.

Aqui vai um exercício simples para te ajudar com isso: Selecione uma persona dentre aquelas que você já construiu para o seu negócio, pense numa atividade que ela faria em seu site e tente fazer esta atividade como se você não soubesse como fazer. Você também pode pedir a alguém para encontrar a informação no seu site e a observar atentamente a navegar sem oferecer ajuda ou dica alguma. Se a pessoa tiver dificuldade, significa que seus clientes também terão. E como bem sabemos, maiores dificuldades equivale a menos leads, menos vendas e menos crescimento para sua empresa.

O website mobile também não precisa (e em muitos dos casos nem deve) ter todas as informações que o website tradicional tem. O website do Hospital Albert Einstein é um bom exemplo. A versão mobile enfatiza as três tarefas básicas que os clientes procuram: encontrar os endereços de atendimento (porque provavelmente estão na rua e precisam do endereço correto), a consulta a resultados de exames e a ferramenta para encontrar um médico. Também há um telefone bem visível, caso o paciente tenha alguma dificuldade e precise telefonar. Todo o restante foi agrupado em menus. Simples, eficiente, prático e totalmente focado na experiência que 80% das pessoas que acessam o site pelo smartphone precisam.

Simplificar e focar são as palavras que devemos ter em mente para melhorar nosso website mobile.

Blog

Já tratamos da importância de um blog. Esse terceiro canal digital de tráfego servirá como uma espécie de diretório de todo o seu conteúdo e será responsável por grande parte das visitas que chegam em seu site. As ferramentas de busca como o Google reconhecem e premiam com posições melhores as plataformas com atualizações de conteúdo constantes. Manter somente o site da empresa limitará o acesso apenas às pessoas que fazem buscas direcionadas. Atualizar seu blog vai te ajudar a conquistar bons posicionamentos nas pesquisas, e isso naturalmente aumentará seu tráfego.

O mundo está em busca: como os buscadores, principalmente o Google, podem ter um impacto profundo no seu negócio

SEO – Otimização para Buscadores

Search Engine Optimization, o famoso SEO, é um conjunto de estratégias e técnicas que visam melhorar a visibilidade da marca e o tráfego de visitantes de forma orgânica. Uma ação multidisciplinar que abrange um trabalho minucioso de estruturação para deixar um site mais amigável para os buscadores, tais como Google, Bing e Yahoo!. Através de palavras-chaves e tags selecionadas estrategicamente dentro do próprio conteúdo criado, é possível gerar um alcance orgânico considerável. A arquitetura da informação e utilização de códigos adequados tornará possível aumentar o volume de buscas.

Dentre todas as variáveis que podem levar um negócio ao sucesso, aparecer nas buscas orgânicas é uma das mais significativas, seja para e-commerce ou qualquer outro tipo de negócio que necessite de clientes buscando informações na internet em escala. Este posicionamento é uma premissa importante para estar mais perto de clientes em potencial, gerando uma cadeia cíclica que une todas as partes deste processo.

Desde que o Google surgiu e se tornou o maior buscador do mundo, a influência que os resultados de busca exercem no mundo dos negócios só cresceu. Hoje, marcas que fazem parte do nosso dia a dia dependem do Google para existir. Parte do sucesso da Amazon se deve ao fato de que desde sempre a empresa entendeu os princípios básicos por trás do funcionamento do Google e soube tirar proveito disso. Os responsáveis criaram uma estrutura para que o site ganhasse prioridade nos resultados, principalmente através de conteúdo focado na experiência de seus clientes.

Se você buscar informações sobre os melhores cases de marketing de conteúdo do mundo, verá que a maioria focou em dois aspectos: criar conteúdo com foco em seus clientes (potenciais e atuais) e fazer com este conteúdo pudesse ser encontrado no Google. As marcas mais conhecidas no mundo digital focam no SEO como um fundamento da sua estratégia digital.

O mais curioso é que SEO não é caro. Se o empresário calcular o quanto custariam os mesmos cliques e visitas através de anúncios no Google AdWords, verá que mesma audiência conseguida pelo SEO exige um investimento entre 5% a 25% abaixo em comparação às mídias pagas.

Links patrocinados

Link patrocinado, ou mídia paga, é a publicidade em canais ou veículos por segmentações onde está o seu cliente, persona ou público-alvo. A compra de mídia costuma ser o canal mais eficiente para trazer resultados a curto prazo para empresas B2B, sendo o caminho rápido para geração de tráfego direto. Mas a competição é feroz, os custos podem se tornar altíssimos e é possível que as conversões caiam após algum tempo, principalmente se as campanhas não forem gerenciadas por profissionais experientes focados em métricas claras de sucesso.

Além do Google, o Bing também oferece anúncios com links patrocinados. Apesar do Bing representar menos de 5% do volume de buscas no Brasil, as taxas de conversão e os custos por clique costumam ser menores do que no Google, porque também há menor competição por cliques.

Algumas plataformas de links patrocinados:

Google AdWords

O canal mais conhecido de publicidade online. A plataforma de compra mídia é o Google AdWords, que é basicamente dividido nessas 3 frentes:

Search (Rede de Pesquisa): Anúncios que aparecem no momento em que o usuário faz uma pesquisa. Aqui o buscador geralmente padroniza os melhores resultados para quem obtém o melhor comportamento do usuário para a busca, fazendo um balanço na compra de palavra-chave existente na página de destino com a pesquisa do usuário, entre outros fatores como relevância, taxa de cliques obtida por palavra e tempo de veiculação dos anúncios.

Banners e anúncios em texto (Rede de Display): Anúncios em banners de peças gráficas ou com textos simples clicáveis que são veiculados na rede de conteúdo do Google: sites parceiros e blogs que permitem a veiculação dos anúncios através da rede Google AdSense. Nesse caso, o anunciante é quem define a segmentação e os formatos e tamanhos dos anúncios previamente. Esse modelo é utilizado também para os anúncios de remarketing (anúncios que aparecem ao usuário que já fez alguma pesquisa relacionada ao seu produto, ou que já acessou seu site alguma vez, por exemplo).

YouTube: Anunciar no YouTube é outra forma de impactar o usuário antes de ele assistir um conteúdo em vídeo. Esse formato é chamado de "pre-roll", mas também há outros formatos como pesquisa e banners. Dependendo do seu objetivo, esse modelo pode ser muito poderoso para levar pessoas até o seu canal de conversão. É um recurso popular para branding e relacionamento com o cliente, uma vez que o público que antes ficava grudado na TV, hoje fica, entre outros sites, no YouTube.

Facebook Ads

O Facebook Ads é a plataforma de publicidade do Facebook que possibilita "conversar" com aproximadamente 90% da população que usa internet no país. A possibilidade de segmentação e o baixo investimento são grandes vantagens a serem consideradas por quem decide anunciar nela. Lembrando que é possível criar segmentações incríveis como interesses e gostos de públicos personalizados (lista de e-mail, retargeting site ou aplicativo) e ainda otimizar mais a campanha com o rastreamento de conversão instalado no seu site.

LinkedIn Ads

O LinkedIn também permite investimento em publicidade. Como a rede tem uma proposta profissional, os anúncios podem ser qualificados por cargo e senioridade. Por exemplo, você pode segmentar sua publicidade somente para o estado de São Paulo, para o cargo de CEO de empresas de logística. Isso contribui muito para os resultados da campanha. A única desvantagem é o Custo por Clique (CPC), que é um dos mais caros comparado às demais plataformas, mas como são para usuários bem qualificados, pode ser muito eficiente para o seu negócio.

E-mail marketing

O E-commerce Brasil divulgou uma pesquisa realizada pela FBITS* que analisou o comércio eletrônico brasileiro e apontou que 61% das empresas obtêm até 20% de seu faturamento por este canal. Além disso, 19% afirmaram que entre 20% e 50% da sua receita vem por meio de campanhas de e-mail marketing.

De 1.000 empresas brasileiras entrevistadas pela Serasa Experian, 90% delas disseram investir em ações de e-mail marketing. A Serasa também constatou que o e-mail é o canal que apresenta a melhor taxa de conversão em vendas para os sites de e-commerce no Brasil, com 2,53% a mais que buscas orgânicas, pagas e redes sociais. Cabe ressaltar que esses números foram alcançados com listas opt-in, nas quais os clientes optaram por receber os e-mails, e não através do uso de spam ou de listas compradas.

Por muito tempo, o principal motivo de acesso à internet no Brasil foi para a utilização do e-mail. Apesar de isso ter mudado bastante com o advento das redes sociais e aplicativos de contato como o WhatsApp, o e-mail ainda é uma ferramenta poderosa de comunicação, principalmente no sentido comercial. Empresas que adotam o e-mail marketing têm uma série de benefícios, entre eles, o tráfego segmentado.

Quando você gera leads e forma uma lista de contatos, através do e-mail, é possível fazer as pessoas voltarem ao seu site sempre que um conteúdo novo é gerado. Com a ferramenta, a empresa também consegue conduzir o lead pelo funil de vendas até o momento da compra.

Mídias sociais (tráfego orgânico)

As mídias sociais formam um conjunto poderoso de canais para o seu conteúdo. Através delas, pode chover tráfego em seu website. Mas é preciso estar atento, pois nas redes sociais, o foco dos usuários não é "fazer negócios". Quem cria um perfil em uma rede social, o faz para se conectar com outras pessoas, tanto na vida pessoal quanto na profissional.

Tirando o LinkedIn, as pessoas geralmente acessam as redes sociais para estreitar relacionamentos e não para fechar negócios. Mas isso pode ser uma "mão na roda" para quem souber usar. O seu papel nos perfis e páginas da sua empresa é despertar o interesse das pessoas e levá-las até o seu site onde o processo terá continuidade. Isso pode parecer uma tarefa difícil, mas não necessariamente é se você tiver foco e criatividade.

---

* Pesquisa citada: http://bit.ly/2du8bRk

As redes sociais são ótimas para topo de funil, pois atraem todo e qualquer tipo de público. No entanto, também permitem segmentação específica das pessoas que se desejam alcançar. Grupos no LinkedIn, por exemplo, possibilitam a comunicação direta, apenas com pessoas que têm um determinado interesse. Da mesma forma, grupos no Facebook te permitem se comunicar apenas com pessoas que se interessam no que você faz. Eis uma ótima chance de você formar uma comunidade em torno de sua marca e de seu conteúdo.

Em geral, páginas no Facebook, perfis no Instagram, no Twitter ou contas no Snapchat, permitem que você se torne referência naquilo que vende e se aproxime mais do seu consumidor-alvo. Importante destacar que muitas vezes, as pessoas que curtem ou seguem você, já estão pré-dispostas a consumir seu conteúdo e a comprar seu produto. Portanto, se você mantiver um bom relacionamento com elas, publicando frequentemente, respondendo aos comentários e fazendo-as interagir com seu conteúdo, não apenas estará gerando mais tráfego para o seu site, como estará convertendo seus prospects com pouquíssimo custo.

Legal tudo isso, mas em qual canal eu invisto?

Há empresas trabalhando com todos esses canais e outras com apenas alguns deles. Não é recomendável estar no máximo de redes sociais possível. Pelo contrário, você deve se concentrar em duas ou no máximo três delas. Invista tempo e dinheiro naquelas onde suas chances de sucesso são maiores. A rede social da moda não é necessariamente aquela com o melhor perfil para o seu negócio.

Comece um blog, hoje!

A essa altura, você já entendeu que criar um blog é uma das melhores formas de alavancar o seu negócio.

Já compreendeu que ele te ajuda a fixar sua marca, tornar a comunicação mais direta, ser uma referência e agregar valor. Muito bem, comece um blog hoje mesmo!

Um case referência mundial que podemos destacar aqui é da River Pools and Spas, empresa de Richmond, Virginia, liderada por Marcus Sheridan. Em 2008, em meio à crise imobiliária nos Estados Unidos, Sheridan e seu sócio, Jason Hughes, resolveram focar o negócio apenas em piscinas e se tornar a Wikipedia das piscinas, respondendo toda e qualquer dúvida existente no setor. "Nós aprendemos a pensar como o nosso consumidor. Fazendo isso, respondemos às dúvidas deles e pensamos nós mesmos em outras dúvidas", destaca Hughes. "Criamos uma marca nacional e passamos a ser contatados por pessoas de todo o país diariamente".

Sheridan ressalta um aspecto emocional importante sobre como os clientes se sentem: "Os clientes virão ao seu site desejando se sentir bem a respeito da decisão que tomaram. Eles querem respostas às dúvidas que possuem". Com esta mentalidade, a empresa voltou a ser lucrativa e mudou completamente o rumo do negócio em poucos meses: "O dia em que decidimos deixar de dizer: 'Somos construtores de piscinas' e resolvemos ser 'Os melhores professores sobre piscinas', foi um dos dias mais prósperos das nossas vidas". Toda a mudança na River Pools aconteceu a partir de um blog, sistematicamente alimentado com novos conteúdos. Isso mostra que responder sempre aos seus clientes e solucionar os seus problemas de forma menos formal e mais aberta, cria-se um nível de confiança sem precedentes.

Um dos segredos de ter um blog de sucesso é planejar todos os passos do projeto, desde o estudo das ferramentas, escolha da plataforma, definição do segmento de mercado, o incremento das visitas e os resultados esperados. É provável que uma empresa desista de manter seu blog se não souber medir o sucesso dele.

Há milhões de blogs no mercado, mas nem todos são capazes de realizar negócios online e gerar dinheiro. Você pode evitar isso aplicando estratégias simples em lugares apropriados. Você pode, por exemplo, acrescentar os links de:

- Uma loja virtual que você está divulgando.
- Uma página de inscrição para gerar novos contatos.
- Um hotsite de algum produto que você quer promover.
- Uma página do website específica para a venda dos produtos.

Você também pode incluir análises, comparações e avaliações de produtos com links para páginas de vendas. Os consumidores costumam se decidir pela compra de um serviço ou produto com base em análises e avaliações por parte de outros consumidores.

O assunto principal do seu blog também precisa ser compatível com o produto ou serviço que você vende. Não faz sentido algum você fazer um blog de acessórios de moda e vender produtos para pets. A comunicação precisa estar integrada.

É preciso também respeitar o seu blog e o seu consumidor. O espaço publicitário do blog vale ouro e por isso é necessário usá-lo com consciência. Trabalhe-os para vender produtos que realmente funcionam e que tem aderência com seu conteúdo e não transforme o seu blog numa verdadeira vitrine. O cliente não gosta disso.

Algumas ideias para atrair e transformar os visitantes em leads:

- Criar posts e conteúdos especializados educativos ou técnicos para download.
- Apresentar cases de sucesso.
- Oferecer infográficos para download.
- Mostrar depoimentos de clientes.
- Desenvolver webinários com sessões interativas de perguntas e respostas.

É importante desenvolver um blog com conteúdo personalizado para que o cliente sinta que suas necessidades ou problemas serão solucionados. Isso tende a proporcionar aumento nas visualizações das suas páginas, duração mais longas das visitas e menor taxa de rejeição. Criar um blog que venda em partes é um processo complexo. Existem vários fatores envolvidos, da geração de audiência até a conversão. Mas isso tudo pode ser resolvido com estudo, análise das métricas e um planejamento bem estruturado. Use este livro para isso sempre que precisar, volte aos pontos-chave sempre que for preciso.

Onde buscar inspiração para manter o conteúdo fluindo

> *"Se você tem uma laranja e troca com outra pessoa que também tem uma laranja, cada um fica com uma laranja. Mas se você tem uma ideia e troca com outra pessoa que também tem uma ideia, cada um fica com duas."*
>
> *Confúcio*

Se você não é um jornalista ou um profissional de conteúdo, certamente precisa de "inspiração" para produzir conteúdo. Acredite: até os melhores jornalistas ficam sem ideias em algum momento. Mas como os melhores são poucos e raros (em qualquer área do conhecimento humano, aliás), as pessoas normais precisam de processos ou de modelos para conseguir produzir. Algumas desenvolvem uma capacidade incrível de observar o mundo e gerar perguntas em série, e respondendo a estas perguntas, geram conteúdo original de boa qualidade. Outras pessoas precisam consumir muito conteúdo para poder cruzar informações de diversas fontes e gerar algo minimamente aceitável para elas. De qualquer forma...

Pensar primeiro, fazer depois!

O calendário editorial é uma ferramenta indispensável para te ajudar a pensar com antecedência. Além de manter um cronograma de produção e publicação, ele também ajuda a lidar com a questão da inspiração. Como seres humanos, estamos sujeitos a flutuações da capacidade criativa e a dias ruins, por isso um estoque é sempre o aliado número 1 contra imprevistos e qualquer natureza de problemas, até mesmo a falta de inspiração.

Já ouvi que inspiração é para artistas, que profissionais são pagos para produzir e não para bancar o "geniozinho criativo". Mas aprendi a me prevenir contra imprevistos e isso também inclui o famoso "deu branco". Num dia bom, em que o texto flui e as ideias parecem brotar aos montes sem esforço, aproveito e deixo fluir, por mais fraca que possa parecer. Pode chegar o dia em que todas as ideias boas já tenham sido produzidas e seja aquela ideia mais ou menos a me salvar.

Num brainstorm com pessoas de diferentes áreas, podem surgir ideias melhores e piores, mas a princípio não é bom descartar nenhuma. Uma ideia fraca pode crescer e se desenvolver quando pintar aquela pergunta sem pé nem cabeça nos comentários do blog ou quando um cliente fizer uma pergunta aparentemente esdrúxula no contato do site. Este é um bom começo, acredite.

Seguem algumas dicas para você não ficar sem ideias para criar conteúdo:

1. Tome nota. Anote tudo que vier à mente. Aprendi a andar sempre com um pequeno bloco de notas na mochila antes da era do smartphone. Hoje quase não uso mais caneta e papel e acabei trocando por aplicativos de anotações. Mas o princípio usado é o mesmo: anotar os insights que surgem nos momentos em que menos esperamos. O Evernote é um aplicativo excelente.

2. Use alertas. A maioria das ferramentas de monitoramento de mídias sociais permite criar alertas. O Google Alerts também avisa toda vez que um novo conteúdo com as palavras monitoradas é encontrado pelo Google.

3. Participe de eventos do setor. A maior parte das grandes ideias surge conversando com pessoas do setor. Meus melhores aprendizados aconteceram nos corredores de eventos, nos bastidores, enquanto conversava e fazia network.

4. Siga boas fontes. Sigo páginas e blogs criativos de pessoas que admiro sobre temas como criatividade, inovação e compilados de boas ideias. Essa é uma excelente forma de não deixar a "fonte secar". Escolha bem os sites blogs que você segue e sempre terá uma nova ideia fluindo.

5. Ligue os pontos. Você não precisa se limitar apenas ao que é explicitamente relacionado ao seu setor de negócios. Um acontecimento histórico ou político pode servir de inspiração para um conteúdo de marketing. Por isso, esteja sempre ligando os pontos.

6. Ouça os seus clientes. Toda interação dos clientes com as áreas de vendas, atendimento e suporte são oportunidades de aprender sobre alguma dúvida, objeção, receio, insegurança ou indecisão. Nunca subestime o aprendizado que as simples conversas com seus clientes podem gerar.

Fazendo isso sempre, seus canais de conteúdo estarão sempre cheios de material relevante para os seus clientes!

Neste capítulo você viu:

- Tráfego orgânico, tráfego direto, tráfego de referência, mídia paga, mídias sociais, e-mail marketing são alguns dos canais e táticas para distribuir seu conteúdo na internet.

- Os canais digitais de tráfego mais comuns são:
    - Website.
    - Website Mobile.
    - Blog.

- SEO.

- Links Patrocinados:
    - Google AdWords.
    - Facebook Ads.
    - LinkedIn Ads.

- E-mail Marketing

- Mídias Sociais

- Não é recomendável estar no máximo de redes sociais possível. Pelo contrário, você deve se concentrar em duas ou no máximo três delas. Invista tempo e dinheiro naquelas onde suas chances de sucesso são maiores. A rede social da moda não é necessariamente aquela com o melhor perfil para o seu negócio.

- Algumas ideias para atrair e transformar os visitantes em leads:
    - Criar posts e conteúdos especializados educativos ou técnicos para download.
    - Apresentar cases de sucesso.
    - Oferecer infográficos para download.
    - Mostrar depoimentos de clientes.
    - Desenvolver webinários com sessões interativas de perguntas e respostas.

- Dicas para você não ficar sem ideias para criar conteúdo:
  - Tome nota.
  - Use alertas.
  - Participe de eventos do setor.
  - Siga boas fontes.
  - Ligue os pontos.
  - Ouça os seus clientes.

_ Capítulo 8

Um guia para a produção de conteúdo

"As pessoas não amam um produto, elas amam o valor que ele adiciona à vida delas.
O conteúdo mostra como."

_Andrew Hanelly

Quer lapidar, aperfeiçoar ou entender melhor sobre as técnicas para produzir conteúdo de qualidade? Quer sair na frente e se destacar na multidão de produtores existentes no mercado? Quer aquele diferencial capaz de reduzir as distâncias que levam ao seu consumidor final? Então, a hora é agora!

Em tempos de concorrência acirrada, onde muitas pessoas estão investindo em novas frentes de trabalho, a produção de conteúdo desponta como uma luz no fim do túnel para superar a crise e alavancar os ganhos de um negócio. Alguns produtores, até mesmo aqueles com uma boa experiência na área, encontram dificuldades na hora de produzir conteúdos certeiros, que atinjam em cheio as necessidades do consumidor final.

O tal do "conteúdo só para constar" tem sido sumariamente rejeitado pelos diferentes tipos de leads existentes no mercado. Contudo, para o alívio da nação, fazer um conteúdo relevante não é uma coisa de outro mundo. Pode ser bem mais simples, prático e assertivo do que se imagina.

É preciso entender que o consumidor não aceita mais do mesmo. Conseguir alguns segundos da atenção dessa pessoa, em meio ao turbilhão de informações, novidades e dados disponíveis na rede é uma tarefa que requer jogo de cintura, criatividade, inovação e aquele toque personalizado que todo mundo gosta. Isso é uma visão de marketing totalmente alinhada com o mundo em que vivemos agora.

Produzir conteúdo deve ser encarado como uma missão muito especial. Através da sua produção, você vai tirar dúvidas, minimizar anseios, levar conhecimento e estimular os sentidos daqueles que terão acesso à sua produção.

Utilize a sua experiência de consumo. Muitos produtores de conteúdo pecam por anular a própria condição de consumidor. E ao produzir, seja sincero. Faça perguntas como "Este conteúdo faria sentido para mim?",

"O texto produzido respeita a inteligência do receptor?", "A publicação vai transformar a vida do leitor, ainda que minimamente, impactando positivamente com a resolução de alguma dor?" Se a resposta for positiva, sim, você estará no caminho certo. Mas se negativas, reveja a estratégia.

Este capítulo é dedicado aos processos de criação que vão dar aquela mãozinha e mudar sua concepção de produção de conteúdo. Ainda animado? Espero que sim!

Escrevendo títulos convincentes

Os títulos são os elementos mais importantes de uma página na internet, assim como as manchetes de um jornal. Em uma banca de revistas, são as manchetes que fazem um leitor desembolsar seu dinheiro por um veículo de comunicação e não por outro. Hoje as revistas brigam por espaço nas gôndolas de supermercados, no espaço da fila do caixa e seus títulos estão cada vez mais agressivos. Na internet, a disputa é com os títulos dos posts. Todos dias, o Facebook é uma "grande banca de revistas" com manchetes dos mais variados segmentos. Blogueiros, jornais, portais, empresas, celebridades, pessoas comuns, todos querem um pouquinho da sua atenção...

A maioria dos visitantes da sua página leem os seus títulos, mas sabe qual a porcentagem de usuários que olha o restante da página? 20%. Com essa conta, o título é 400% mais visto do que qualquer outro elemento da página, por mais que aquele seu designer bacana esteja se esforçando. O leitor decide em apenas alguns segundos: com tantas coisas para ver, esse site/artigo/landing page vale o meu tempo? Tem o que eu preciso? O que eu desejo?

Quanto de importância teria o título pensando na escala de trabalho? Quanto tempo dedicado a ele? Uma verdade: metade das pessoas que trabalha nessa área escreve títulos bem rapidinho, tentando dar apenas um mínimo impacto ou usando uma fórmula pronta. Então o resultado nem sempre vem. Os jornalistas estão ligados nisso há bastante tempo. Aliás, fique de olho nas manchetes e absorva o que vale a pena (claro que tem muita coisa ruim aí fora e você não deve perder tempo com elas). Estou dizendo tudo isso para te conscientizar que o título do seu conteúdo é coisa séria. Por isso invista mais tempo na criação de títulos e se esforce para descobrir qual tipo de título atrai o público que você trabalha. Para a grande massa, títulos como os do BuzzFeed podem dar certo, mas para um público específico e técnico, é preciso oferecer algo mais.

David Ogilvy, considerado o pai da redação publicitária moderna, costumava dizer que se você não consegue vender nada através do título, joga fora 80% do dinheiro do cliente. Uma simples mudança no título pode fazer a diferença de 10 para 1 em vendas, isso em se tratando de anúncios. Mas a ideia cabe perfeitamente em conteúdos de blog.

Aqui está um pequeno manual para a produção dos seus títulos:

1. Apelo para o auto-interesse do leitor

Todo título deve prometer alguma coisa, indicar um benefício, apresentar uma solução. Lembre-se que o leitor está em busca de algo que o ajude a sanar uma dor ou obter algum tipo de prazer. O título deve indicar que o texto tem o que ele busca. Isso só será possível com o conhecimento sobre o que o seu consumidor em potencial está procurando. Veja um exemplo usado no meu site MarketingdeConteudo.com.br:

"Como o marketing de conteúdo pode mudar o seu negócio"

2. Apresente novidades

Procure apresentar novidades em seus títulos. Pessoas estão sempre à procura de algo recém-surgido. Quem não gosta de experimentar produtos novos e de desfrutar de melhorias em produtos já existentes? Existem duas palavras muito poderosas para despertar a novidade em seu leitor: "Grátis" e "Novo". Bem, como não estamos nos referindo a anúncios especificamente, o "Grátis" pode se tornar mais difícil de usar. No entanto, o "Novo" é mais fácil de ser aplicado. Se eu fosse utilizar o termo "Novo" no título deste subcapítulo, poderia ser algo do tipo:

"O novo modo de escrever títulos e influenciar leitores"

3. Pense no Google

Estamos falando de conteúdos que devem ser ranqueados pelo Google. Incluir a palavra-chave principal logo no título pode facilitar o ranking, pois ajuda o motor de busca a identificar facilmente de que seu texto está tratando. Hoje em dia, a relevância é o principal fator de otimização, mas incluir termos de busca ainda é essencial. Por isso não se esqueça de trabalhar bem o SEO na construção de todo o texto, inclusive no título. Para a busca para a expressão "como vender mais", um bom título seria:

"Como vender mais: o guia completo do vendedor de resultados"

Já um título mais apelativo poderia ser:

"As técnicas de vendas infalíveis para saber como vender mais"

4. Evite termos negativos e "mudos"

Esta é uma boa regra de como escrever títulos, mas não quer dizer que você não possa quebrá-la. Eu mesmo já utilizei a palavra "Não" em alguns títulos, como por exemplo: "Mídia social não é só Facebook", mas nesse caso, foi algo bastante peculiar.

Expressões negativas podem despertar sentimentos opostos ao que você deseja nos leitores. Da mesma forma, você deve evitar os títulos "mudos", que não dizem coisa com coisa e que para entender, o leitor precisa ler o resto do texto. A maioria das pessoas não clica em títulos assim porque não foi influenciada logo de cara.

A Folha de São Paulo fez o contrário e apostou num slogan com dupla negação: "Não dá pra não ler." Foi corajoso e funcionou muito bem.

Regras foram feitas para ser quebradas, mas em geral os termos negativos não geram um bom efeito. Opa, quer dizer, em geral os termos negativos geram um efeito ruim. Percebe como a afirmação tem mais efeito que a negação?

5. Aposte nos princípios comportamentais

Os princípios de comportamento são poderosas armas de influência. Se você é um produtor de conteúdo, conseguirá gerar mais resultados se estudar o copywriting e os princípios que levam as pessoas a tomar uma ação. É mais provável que as pessoas leiam o texto se o título despertar as emoções delas. Então, pense nos títulos de seus conteúdos como ganchos para que a leitura aconteça e continue. Robert Cialdini enumera em "As Armas da Persuasão" seis princípios essenciais que envolvem o comportamento humano: reciprocidade, compromisso, validação social, afeição, autoridade e escassez. Estude-os!

6. Não exclua leitores

Tome cuidado para que seu título não espante leitores que podem ser consumidores em potencial. Se você não tem restrição em atender homens e mulheres, por exemplo, evite se direcionar a apenas uma dessas classes.

Assim, seu título poderá atrair tanto os leitores do sexo masculino quanto do feminino, a não ser que o que você venda seja de fato para apenas um dos grupos. Se quem consome seus produtos são mulheres, nesse caso, aí sim é positivo fazer algo do tipo:

"O que toda mulher poderosa precisa saber sobre..."

7. Não seja prolixo

Um produtor de conteúdo pode até ter um vocabulário sofisticado, mas não é recomendável que ele use isso em textos de blog. A menos que se tenha uma razão especial para escrever assim, use uma linguagem mais coloquial, para que todo o usuário que acessar o conteúdo entenda o que se quis dizer. Às vezes, você poderá se sentir tentado a embelezar a mensagem, mas lembre-se de redigir como se estivesse conversando com um amigo. "Só eu sei o trabalho que me dá empobrecer os meus diálogos" – Nelson Rodrigues.

Quanto mais simples a forma como o conteúdo é escrito, mais pessoas ele alcançará. Uma pessoa inteligente não se sente agredida por um texto simples e objetivo. Mas uma pessoa simples se sentirá excluída se não puder compreender um texto complexo. Num país onde interpretação textual é um desafio, jogar simples funciona muito mais do que sofisticar.

8. Use mais essas palavras

Para fechar, apresento alguns termos que podem "fazer milagres" em seus títulos. Mas adianto: não as use a esmo. Analise a proposta do conteúdo, o tipo de produto ou serviço e perfil da persona antes de aplicar uma delas. São palavras comuns em títulos de páginas e posts populares na internet:

- Como.
- Mais.
- Resultados.
- Agora.

- Novo.
- Grátis.
- Bônus.
- Maravilhoso.
- Dicas.
- Última chance.
- Não perca.
- Surpreendente.
- Sensacional.
- Simples.
- Acelerar.
- Passo a passo.
- Bomba.

Algumas manchetes para te inspirar:

"Porque o empreendedorismo de palco vai acabar com você"

Um dos posts mais polêmicos da história da internet! Nem o autor, Icaro de Carvalho, um grande amigo, imaginou que esse post teria tanta repercussão. O post, publicado no Medium, já teve mais de 1 milhão de views, teve recorde de compartilhamento no Facebook e serviu para a consolidação do termo "empreendedorismo de palco" nos mercados de marketing digital, empreendedorismo e comunicação. Repare, o título é simples, mas causa curiosidade e já exala cheiro de polêmica (ou treta, como o autor prefere).

"O que garotas de 20 e poucos anos dizem e o que elas realmente querem dizer"

Gosto bastante desse exemplo publicado no BuzzFeed. Confesse que ficou com vontade de saber o que as meninas de vinte e poucos anos dizem e o que estão querendo dizer. Pois é, um ótimo exemplo de título curioso.

"Marketing de conteúdo: você está fazendo isso errado"

Em geral, títulos provocadores ou controversos, do tipo "Porque isso que todo mundo está pensando ou fazendo está errado" atraem mais cliques. Só o fato de o leitor imaginar que esse pode ser um erro que ele mesmo está cometendo, já faz com que ele ao menos confira quais são as gafes listadas no texto. Mas é preciso entregar algo de valor e ter resiliência, pois esse tipo de título atrai comentários negativos, haters e reclamões, além de figuras que demonstrarão pontos de vista contrários e escreverão comentários maiores que o artigo original. Se está pronto para lidar com eles, vá em frente!

"Desconstruindo o mito do todo mundo pode empreender"

O uso dos termos "desconstruir" e "mito" foram aplicados de forma muito inteligente pelo Paulo Maccedo. Ainda mais se referindo a um tema que gera tanta polêmica no meio empreendedor. As pessoas estão inclinadas a saber que tipo de besteira ou não o leitor vai falar em um post desse.

É importante ter em mente que nem todos os títulos vão arrasar e algumas vezes pode ser que algumas pessoas achem seus títulos muito apelativos. Tudo depende do público, da hype do momento, do tipo de site, e até, a gente sabe, do dia e do tempo do redator. Mas o que eu quero deixar claro aqui é: dê o seu máximo, não só no texto, mas no título também. Naquela hora que você já se cansou de pesquisar o assunto e precisa publicar logo, um pouquinho a mais de fôlego para esse momento pode trazer resultados muito melhores. Depois do "Ufa!", é só alegria!

Um bom texto com um título comum será menos lido com um texto medíocre com um ótimo título.

Guia rápido da redação persuasiva

Você imagina um cliente em potencial lendo seu conteúdo? O que você faz para que ele consuma seu conteúdo e clique em algum link? Muitos produtores de conteúdo são excelentes escritores, mas não conseguem persuadir. Este é um erro comum, que eu mesmo já cometi muitas vezes. Isso é resultado do que eu chamo de "muito informativo, pouco chamativo". Isso parte do lado artístico do redator e da crença de que os leitores da web não gostam muito de ler. Há pessoas que realmente não gostam de ler, mas não serão apenas eles que consumirão seus conteúdos. Serão seus leads e potenciais clientes, gente em busca de soluções para seus problemas, lembra?

A ideia é encarar o conteúdo com olhar comercial. Tratar os leitores do ambiente digital como apenas leitores comuns é um erro. Por isso que, de uma forma geral, o conteúdo precisa ser pensado em conversão. E nesse caso, persuasão é um ponto fundamental.

Mas como conduzir os visitantes da web à ação se eles não consumirem o conteúdo? Vou te explicar como funciona. Mas primeiro, é preciso que você entenda que persuasão não é "coisa do demônio". Já reparou o quanto as pessoas têm preconceito e receio de falar sobre vendas? Criou-se uma ideia de que todo profissional de marketing ou vendas é um safado tentando arrancar o dinheiro alheio. O famoso "papo de vendedor" e o "jeitinho brasileiro" são expressões que entram na receita do "manjar do diabo". Mas essa é uma crença limitante que tem a ver com aspectos culturais. Os pseudo-gurus existem de fato. Mas achar que todo profissional de marketing é safado, é cair no erro da generalização.

Os produtos de valor foram extintos? Definitivamente não! E eles também estão sendo vendidos por gente que aprende a usar o poder da persuasão. Então, meu primeiro conselho para você é que esqueça essa coisa de que vender é ruim. Entenda que se o produto é bom, as vendas também devem ser.

Uma vez ouvi isso de um cara do marketing que admiro: "Se você tem algo muito bom e não vende, você está cometendo um grande erro. Não prive as pessoas de conhecer aquilo de bom que você pode oferecer a elas". Isso curou meu "medo de vender". Esse medo não era da venda em si, mas de as pessoas julgarem que aquilo que entreguei não estava à altura daquilo que prometi. Quando me dei conta, vi que meus clientes consideravam que a entrega estava muito além da promessa. Então o meu medo sumiu.

Se o seu produto é bom, venda. E venda de forma convincente. Não prive as pessoas de seu produto. Mostre que você é bom no que faz e esqueça quem não entrega o que promete. Eles não são problema seu. Cuide bem dos seus clientes e ponto final.

Górgias, filósofo grego, dizia que "A arte da persuasão ultrapassa todas as outras, e é de muito a melhor, pois ela faz de todas as coisas suas escravas por submissão espontânea". Num sentido mais moderno, persuasão é entendida como uma estratégia de comunicação que se vale de recursos emocionais ou simbólicos para induzir alguém a aceitar determinada ideia, uma atitude ou realizar uma ação específica. Também podemos seguir pelo seguinte caminho: "Persuadir é empregar argumentos legítimos (ou não) com o propósito de conseguir que outra pessoa adote certa linha de pensamento, teoria, conduta ou crença.".

Infelizmente, há pessoas que usam o conhecimento em vendas, persuasão, comportamento humano e marketing para enganar, ludibriar e trapacear. Isso é o mesmo que usar o conhecimento em contabilidade para fraudar um balanço. O problema não é da contabilidade, é do safado que usou seu conhecimento para fraudar. Em marketing e vendas é a mesma coisa: saber vender é legítimo, manipular é errado. Se você souber diferenciar o limite ético entre a venda e a manipulação, durma em paz.

Certa vez, uma aluna minha, a Renata, explicou para quê queria fazer um curso online meu. Entendendo o que ela precisava de verdade, me senti no direito de avisar: "Este curso não é para o que você quer agora. O próximo será, eu te aviso quando lançar". Ela comprou assim mesmo e disse que estava adorando. Após a matrícula fez questão de deixar claro que minha sinceridade foi determinante e que o curso a ensinou mais do que ela esperava. Sinceridade é uma tremenda ferramenta de vendas.

Apesar do uso indevido, a persuasão pode ocorrer de forma pacífica, verbal ou escrita. O ato de persuadir também não necessariamente depende de uma mente "superior" em detrimento de uma "inferior". Ela pode ser aplicada para fins inocentes, honestos e sinceros, servindo como meio para fazer com que o receptor obtenha as vantagens que o emissor esteja propondo entregar.

Por que você não deve descartar a persuasão na hora de compor o seu conteúdo? Por que você tem um negócio e precisa vender. Sem a persuasão, você estará em desvantagem diante da concorrência, correndo o risco de viver sempre choramingando porque não consegue atrair leitores para o seu conteúdo e que não consegue vender seu produto e "recrutar seguidores". A persuasão tornará sua produção mais influente e convincente.

Vamos a mais um passo a passo:

1. Acredite no que você escreve

Grande parte da nossa comunicação é não verbal. E quando tentamos vender algo, seja um produto, um serviço ou mesmo uma ideia que não acreditamos, acabamos por transmitir incongruência. Então, a premissa básica para ser persuasivo e tornar sua escrita poderosa é: certifique-se de que você mesmo acredita no que está escrevendo. Se o que você não acredita profundamente na mensagem que está promovendo, verifique se a coisa é de fato boa. Se não for, você tem duas opções: torná-la boa ou encontrar outra que seja.

2. Foque nos desejos e necessidades do leitor

Estando sua crença bem firmada, é hora de estruturar sua mensagem nos desejos e necessidades da pessoa a quem você pretende convencer. Uma tática eficiente para você usar é a do "ganha-perde". Nós possuímos duas motivações básicas: dor e prazer. Mostre ao seu cliente o que ele perde por não aderir sua ideia, e o que ela ganha se o fizer. Venda os benefícios e as soluções, ao invés de produtos ou serviços. Pessoas não compram uma casa simplesmente por comprar, elas compram a segurança, o conforto de estar num lugar só seu.

Faça algo como "Venha morar em Happyville para ser feliz e ter mais tempo com sua família" ou "Continue morando longe e pegando trânsito todos os dias", só que com mais estilo!

3. Escreva com honestidade e coerência

Ser honesto e coerente é outra regra básica para uma mensagem persuasiva. Ninguém gosta de gente falsa e por isso um grande número de "autoridades" estão com o filme queimado no mercado. As pessoas gostam de comprar com quem é genuíno. No entanto, desconfiam de gente que parece dizer mostrar o que não é. "Um bom persuasivo sabe quem é". Lembre-se do meu exemplo com a Renata.

A coerência e a honestidade transmitem confiança, e o emissor da mensagem se sente confortável com o que está sendo dito. O erro de muitos profissionais é tentar modelar a persuasão. Acabam soando falsos, incoerentes e poucos convincentes. Não tente ser a pessoa que querem que você seja. Busque a originalidade. Isso fará enorme diferença na hora de comunicar. É importante caminhar sempre alinhado com aquilo que você acredita.

4. Comunique-se de forma mais dinâmica

Nem todo mundo pesquisa coisas na web com tranquilidade, como se estivesse caminhando no parque. E é por isso você precisa deixar as coisas mais dinâmicas. A abordagem para quem está chegando em seu site precisa ser decisiva. Antes de tudo, se pergunte: Será que o meu site oferece o que as pessoas estão procurando? E eles podem encontrar o que querem facilmente nele?

Grande parte dos novos visitantes não querem navegar em torno de seu site por longos minutos para encontrarem o que procuram. Eles querem encontrá-lo rapidamente. No primeiro momento, o visitante vai decidir rapidamente se o seu site e os conteúdos dele são úteis, ou não. Portanto, se as coisas parecem complicadas, com um monte de opções para escolher, eles não irão hesitar em fechar e pesquisar em outro lugar.

A visita é a primeira fase do funil. A etapa de atração. Nela você não engajou o usuário ainda. É como se fosse um primeiro encontro amoroso. Você precisa conquistá-lo, persuadi-lo. O internauta vai olhar rapidamente antes de decidir se ele está no lugar certo ou não. Ele só quer tomar uma decisão rápida.

5. Coloque as informações mais importantes primeiro

Coloque as informações mais importantes em primeiro lugar. Escrever para a web é completamente diferente de escrever para impressos. As informações de um texto bom para persuadir leitores pode seguir a seguinte ordem:

- Em primeiro lugar: explique o que você irá discutir no conteúdo.
- Em segundo: apresente a visão geral da leitura.
- Terceiro: passe sua mensagem de forma devidamente convincente.
- Por fim: conclua e faça a chamada para a ação.

O ponto mais importante em texto influente é justamente na conclusão – onde o leitor vai tomar uma decisão. Reforce benefícios e ofereça a oportunidade.

Essa é a famosa pirâmide invertida. Em textos de jornais, a informação mais interessante vem primeiro, antes de detalhes e "informações de fundo". Mesmo que você só leia o primeiro parágrafo, você ainda irá compreender os fatos. Vamos supor que você esteja procurando um redator profissional para o seu site. Talvez você está procurando algum que entenda de marketing, então você precisa fazer uma pesquisa mais específica como "redator de marketing". Ao obter resultados pelo Google, você entra no site do profissional. A informação mais importante deve ficar visível, fácil, para que você tenha certeza de que ele é a pessoa certa. Para os visitantes da web, a informação mais importante é o que você faz. Uma vez que eles entendam seu trabalho, eles vão buscar alguns detalhes importantes.

É a mesma coisa com seu conteúdo. Seus clientes querem saber basicamente: O que você faz? O que você pode fazer por eles? Se você responder correta e imediatamente essa pergunta, eles vão querer "cavar mais fundo até encontrar o ouro".

6. Torne o texto escaneável

Seu título deve comunicar precisamente o que você vai abordar no conteúdo. Os parágrafos devem ser curtos. Seus intertítulos devem ser chamativos e se enquadrarem no tema. Procure usar listas e bullet points e certifique-se que as informações mais importantes estejam bem explicadas.

Evite a voz passiva (a não ser que você saiba usá-la com eficiência); evite repetições desnecessárias; use a palavra você; enfatize citações de clientes (ou especialistas) para adicionar credibilidade (estou fazendo isso aqui); brinque com os destaques, texto em negrito, itálico, etc.

7. A Regra de ouro: seja você mesmo

Aqui está o conselho mais importante: seja você mesmo. Posts que ensinam como fazer (How To) são bastante comuns na internet. Não que sejam errados, mas eles podem levar à preguiça de fazer algo original. "Não copie e cole", mas desenvolva sua identidade ao escrever para a web.

Claro que você pode se inspirar e até mesmo testar algo que já foi usado por alguém. No entanto, jamais, repito, jamais, copie o estilo de outras pessoas. Pois o máximo que você vai conseguir é um conteúdo mediano. Também não tente "ser tudo para todos". Saiba quem você é e o que você faz. Com o posicionamento claro, é muito mais fácil de se destacar na web e de ser encontrado. Se a sua mensagem é clara e verdadeira, é muito mais fácil criar um conteúdo influente e persuasivo.

A dificuldade de muitos redatores, escritores e autores é encarar o aspecto comercial do conteúdo. Já os copywriters são ótimos nisso, mas acabam não escrevendo tão bem. De um lado temos excelentes escritores e péssimos vendedores. Do outro, excelentes vendedores e escritores medianos. O profissional que consegue alinhar as duas coisas é o mais apto a gerar resultados para os negócios para o qual escreve. Esse é um grande insight, tanto para quem quer escrever seus próprios conteúdos, quanto para quem busca um produtor de conteúdo eficiente.

Otimize seus conteúdos

Não adianta produzir conteúdos freneticamente se eles não forem bem encontrados pelas pessoas. É por isso que SEO e conteúdo continuam formando um casamento perfeito. Quem trabalha com conteúdo web precisa saber o quanto o SEO é importantíssimo para o bom ranqueamento de uma página ou de um site nos motores de busca. Apesar deste ser um assunto extenso e relativamente complexo, além do que já tratamos a respeito, resolvi abordar aqui considerações essenciais para que você aplique em sua produção de conteúdo.

Primeiramente é bom saber como os motores de busca tratam os sites. Quem cria conteúdo com a finalidade de gerar visitas, leads e vendas, precisa saber fundamentalmente como construir um site rastreável pelo Google, com conteúdos que sejam corretamente indexados e ranqueados. A coisa funciona basicamente assim:

1. Rastreamento

O site precisa ser rastreável pelo Google e por outros motores de busca. Se a plataforma for lenta, se não houverem sitemaps corretos e se a estrutura do site estiver errada, o Google não conseguirá rastrear as páginas. Dessa forma, fica difícil fazer as páginas ficarem em posições privilegiadas.

2. Indexação

O termo indexação é relacionado à colocação das páginas que o motor de busca rastreou no Índice de Páginas de resultados. Nessa fase, o Google exclui conteúdos duplicados, dá prioridade às páginas mais importantes e compreende as ligações entre o seu site e outras plataformas relacionadas. Se tudo estiver certinho, o buscador dá um "peso" ao seu site diante dos outros sites da internet.

3. Ranqueamento

Essa terceira etapa é a única visível aos usuários. Aqui é onde acontece efetivamente a ordenação das páginas a cada pesquisa feita por determinada palavra-chave. Toda vez que um usuário fizer uma busca, o algoritmo apresenta os resultados personalizados para ele. É bom saber que, em geral, as posições médias dos resultados são muito parecidas quando existem milhares de pesquisas feitas pelo mesmo termo. Sem saber como esse processo funciona, e como o conteúdo deve estar publicado em seu site/blog, você pode estar jogando fora muito esforço em produção de conteúdo.

Algumas empresas utilizam o conceito de long tail (cauda longa) para aumentar os resultados dos conteúdos dos seus sites. Expressões de busca mais específicas, que geralmente são compostas por 3 ou mais palavras, são ótimas para levar o usuário até uma camada mais profunda de interação com a marca. Esses termos podem gerar volumes mais baixos de busca e tráfego, mas levam a pessoa que procura por algo mais específico a interagir mais. No livro Regras de Conteúdo, os autores explicam que essa abordagem é similar com "Não marcar um gol em cada ataque, mas se você insistir, pode ganhar o jogo".

Fazendo uma ponte, procure trabalhar de forma empírica e técnica na hora de escolher as palavras-chave para o seu conteúdo. Tente se colocar no lugar do cliente e diga: "Que perguntas ainda não foram respondidas?" Isso acabará te levando a ser mais específico. Num geral, trabalhe com palavras mais genéricas e com alto volume para posts conceituais e que permitem apresentar o seu trabalho, gerar tráfego e leads; e com termos mais específicos que te permitem explorar melhor os temas e resolver os problemas das pessoas que se interessam pelo que você faz e que estão "sendo mais sofisticadas" em suas pesquisas.

Um empresário que busca saber "O que é marketing de conteúdo", em breve poderá buscar algo como "Contratar redatores", "Plano de conteúdo" ou "Como criar um planejamento de conteúdo". Se há buscas no Google para estes termos e se você produzir conteúdo que explore isso, é certo que o usuário encontrará o seu conteúdo mais facilmente e estará mais aberto a receber os seus conselhos e contratar os seus serviços.

Quanto mais valiosas forem as informações fornecidas pelo conteúdo, mais você será visto como especialista e mais ganhará a confiança das pessoas. Portanto, se você usar as palavras-chave mais específicas e ajudar os usuários com seus problemas, seus resultados irão aumentar consideravelmente. O SEO precisa ser trabalhado em curto, médio e longo prazo. Fazer um conteúdo chegar ao primeiro lugar das buscas é trabalhoso. Mas a vantagem do conteúdo vai aparecer bem nas pesquisas, é que isso gera credibilidade, mais visitas, mais leads e mais vendas.

Estrutura do post perfeito

Existem inúmeras formas de escrever um post. Há pessoas que preferem posts curtos e diretos, com 300 palavras, sem subtítulos e sem imagens. Há outras que gostam de escrever mais, algo em torno de 2000 palavras, aplicar diversas imagens fazer links com outros posts e incluir o máximo de dados sobre o assunto. Isso vai de cada estratégia, de cada público, de cada canal, etc. Mas existe um padrão de post, muito usado no Brasil, que podemos usar como exemplo. Fique à vontade para usá-lo, testá-lo, modificá-lo.

Título do post

Aqui é a hora dos leitores saberem que o conteúdo será útil para eles. Consulte as dicas da parte deste livro que fala sobre títulos sempre que precisar. Também use os templates abaixo para se inspirar na hora de compor os títulos do seu post.

"X maneiras de _____", "Os segredos do _____", "O que você precisa saber sobre ¬_____", "Como fazer _____ e garantir mais _____".

Imagem

Alguns produtores de conteúdo não colocam a imagem aqui, mas entre o meio e o fim do post. No entanto, é comum que uma foto encabece o texto, sendo a imagem principal do conteúdo. Fique à vontade para quebrar esta regra. Lembre-se de escrever os textos descritivos sobre a imagem (ALT) e as legendas.

Primeira sentença do artigo

Seu objetivo aqui é prender o leitor. Você pode começar o post com uma pergunta ou fazer uma afirmação interessante. Pode também apostar em controvérsias e polêmicas para incentivar a leitura. A ideia é influenciar o usuário a ler o texto. Mas lembre-se de ser objetivo, dinâmico e direto. Introduções enfadonhas são determinantes para o abandono de um post.

Próximo parágrafo

Aqui se inicia o desenvolvimento do assunto. As respostas para a pergunta feita na introdução ou a continuação de sua afirmação inicial começam a ser aplicadas nesta etapa. Se o assunto for relacionado a outros conteúdos, lembre-se de colocar os links.

Listas com marcadores ou numeradores

Aqui você pode criar uma lista com os pontos mais importantes do texto. Pode usar os bullet points ou uma numeração. Por exemplo:

- Um post precisa estar bem ranqueado no Google.
- A palavra-chave precisa estar no título.
-

Ou

1. Um post precisa estar bem ranqueado no Google.
2. A palavra-chave precisa estar no título.
3.

Encerramento

A conclusão ou fechamento é uma parte importante do seu post. É nele que a conversão vai acontecer. Você pode terminar com uma pergunta para incentivar os comentários, incluir um call-to-action (chamada para ação) para levar o leitor até uma página de conversão ou fechar o post com incentivo ao compartilhamento com botões para as redes sociais.

Call-to-action

Exemplo: "Você está pronto para começar? Experimente grátis por 14 dias".

Hack para aumentar a permanência do leitor no post

Inclua outros formatos de conteúdo, como vídeos, gráficos, imagens animadas, GIFs. Esses formatos de conteúdo podem servir como complemento para o que você está tratando no post e incentivar a permanência do leitor no site.

Hack para otimizar melhor seus posts

Sempre faça linkagem interna com outros posts do seu blog. Isso ajuda na indexação dos posts. Incorpore links relevantes. No melhor estilo link earning, quem fornece links para a fonte original de informação sai na frente no buscador e dá referências respeitáveis, além de outros textos de links internos que sejam realmente úteis para o usuário.

Humanize o conteúdo

Rick Levine e seus colegas, autores de "O Manifesto da Economia Digital" (2000), disseram algo muito importante: "O mercado é composto por seres humanos e não por setores demográficos". Essa frase sempre me faz refletir e me impulsiona a compor conteúdo com outra mentalidade. Você e eu não vendemos para robôs. Os clientes são humanos, por isso o conteúdo deve ser. Coloquial, relaxado, leve, são alguns atributos que você pode usar em seu conteúdo para torná-lo mais humano.

Outra informação importante: Você pode estar produzindo algo para um grupo de clientes, mas, no fim, o seu alvo é uma pessoa em particular. É algo do tipo: "De mim para você" ou "De nós para você" e não "De mim para todo mundo" ou "De nós para todo mundo". Parece algo tão óbvio, não é? Mas isso é para que você entenda que seu conteúdo deve soar como uma pessoa e não como um departamento empresarial.

Nada impede de você se divertir e aplicar um pouco de humor. Sim, é possível fazer isso até no B2B. Há inúmeras empresas vendendo produtos sérios de forma divertida. Só não tente ser engraçado tempo todo, a não ser, claro, que você trabalhe no segmento de Stand Up Comedy ou algo do tipo, o que eu acho difícil. Encarar o conteúdo de forma mais espontânea se torna fácil quando você ama o que faz. Quando você não encara a produção de conteúdo como um trabalho frio e inflexível, tende a ser mais criativo e a compor com mais liberdade. Adote esse conselho e perceba como os seus textos irão fluir mais facilmente.

Como fazer o pior blog do mundo

AVISO IMPORTANTE: Um aluno meu me perguntou se o texto abaixo era sério e quase enfartei ao perceber que ele não entendeu a piada...

Já que as listas de fazer sei lá o quê continuam em moda, decidi trazer uma para você aqui. Mas é prudente avisar que todas as dicas abaixo são ironia pura, por isso não as leve a sério! Mas se lembrar de alguém que faz isso, mostre esse capítulo, ou melhor, indique o livro para ele.

1. Às segundas-feiras, poste a "Palavra do Presidente", informando que a fábrica está há 142 dias sem acidentes de trabalho e dizendo que todos na empresa são como se fossem da família, até mesmo os funcionários terceirizados pela redução de custos e os estagiários que não recebem vale-refeição porque só trabalham meio período.

2. Escreva de modo complexamente difícil para parecer deveras inteligente. Se mostrar superior faz as pessoas quererem comprar de você!

3. Poste fotos dos funcionários no seu stand vazio, numa feira qualquer. Os clientes adoram ver os sorrisos amarelos dos vendedores em feiras inúteis!

4. Fale sobre seu produto, sobre o fato dele ser melhor que o do concorrente, mas não diga como nem porquê. Seus clientes são a maior prova da sua superioridade.

5. Escreva textos longos, chatos e cheios de detalhes inúteis. Todo mundo quer saber como os filetes de rolamento são fabricados seguindo a ISO 14.321, passo-a-passo.

6. Repita as palavras-chave várias vezes a cada frase, em todos os parágrafos, para ser o primeiro resultado do Google para essa palavra-chave. Se você não repetir a palavra-chave várias vezes, pode ser que o Google não entenda que seu texto é sobre palavras-chave. Na dúvida, coloque a palavra-chave em negrito.

7. Esconda o nome de quem escreveu o post e não dê nenhuma forma de contato com este funcionário, afinal, o concorrente pode querer contratá-lo.

8. Não coloque links para outros posts nem para o seu site. Você não quer que um leitor se confunda, clique no link e pare de ler o texto, não é mesmo?

9. Se for colocar links, escreva "clique aqui" em todos os links, assim ninguém tem como adivinhar o que encontrará depois de clicar.

10. Não coloque imagens no texto, nem diagramas, nem nada que possa ajudar o leitor a entender o que o texto está explicando. Se ele não entendeu a explicação, é porque ele é burro.

11. Não insira vídeos. É um blog, não um programa de TV. Porque alguém iria ver um vídeo em um blog, afinal?

12. Use uma fonte bem pequena no CSS do site, e parágrafos bem longos, quanto mais o blog parecer um livro ou um jornal, mais com cara de importante e influente ele vai ficar.

13. Nunca convide outras pessoas para escrever no blog. Ele é só seu, e você não quer um estranho falando asneiras justo no seu blog!

14. Nunca peça para ninguém se cadastrar no blog, é muito chato ficar enviando posts para as pessoas. Quem quiser ler o blog lembrará sozinho de voltar para ler.

15. Esqueça o lado humano e emocional das pessoas. Decisões de compras devem ser totalmente racionais, então nem pense em contar histórias fofinhas de outros clientes e mostrar cases, uma empresa não deve fazer isso.

Se conseguir executar todas essas dicas simultaneamente, há uma grande chance de que seu conteúdo não sirva para absolutamente nenhum cliente seu e logicamente para nenhuma das suas personas. E é isso mesmo que toda empresa quer: um blog que ninguém lê, e que não ajuda ninguém!

A piada é mais séria que a gente imagina. A realidade é que muitas empresas ainda não entendem as mudanças culturais que a internet trouxe e também não entendem que as pessoas querem lidar com pessoas e não com máquinas. Faça exatamente o contrário de tudo que listei nos 15 itens acima, se quiser que seus potenciais clientes consumam seu conteúdo e se tornem clientes efetivos da sua empresa.

Contratar agência ou formar uma equipe?

Em muitos casos será preciso usar conteúdo de terceiros, como guest posts (posts de convidado) e terceirizar serviços de produtores de conteúdo. Isso é totalmente aceitável quando o objetivo é garantir suporte de como gerenciar a produção in house. A produção de terceiros na verdade é praticada por boa parte das empresas que ainda não possuem estrutura para cuidar de tudo internamente. Desde que se saiba como terceirizar, tudo poderá sair perfeitamente bem. É preciso considerar a terceirização, porque em alguns casos o negócio começa a crescer de um jeito, que fica humanamente impossível alimentar todas as suas possibilidades de conteúdo. É válido compartilhar isso com produtores de confiança, mesmo à distância. Em relação a investimentos, terceirizar se torna muito mais viável do que contratar, a não ser que sua proposta seja maior em termos de volume e você esteja disposto a fazer tudo internamente.

Planejar e executar uma estratégia de marketing de conteúdo é uma dura tarefa que exige bastante preparo e tempo, coisas que poucas empresas estão dispostas a cumprir. Sem contar que é preciso bom senso analítico e disciplina para assegurar a qualidade e a relevância do que se pretende lançar. As publicações no blog e os lançamentos de ofertas de conteúdo mais densos, como e-books e vídeos, por exemplo, não podem falhar. Fora o acompanhamento durante o processo e a mensuração após os lançamentos. Basicamente, é necessário delegar tarefas a diversos tipos de profissionais: pessoas para criar os posts, produzir os e-books, desenvolver os webinários, alguém para editar, responsáveis por divulgar e gerir o conteúdo depois de publicado e acompanhar as métricas de geração de leads e vendas.

Então, em suma, você tem duas escolhas: criar um setor de planejamento e produção de conteúdo ou contar com mão de obra terceirizada, contratando pessoas para cuidar do conteúdo externamente. Falando de forma sincera, terceirizar muitas vezes será mais barato, mas trará alguns desafios. Quando a coisa acontece externamente, nem sempre se consegue personalizar o conteúdo, já que os profissionais envolvidos estão fora e não absorvem a cultura da empresa com tanta facilidade (há exceções, claro). Nesse caso, conduzir a estratégia de dentro pode ser muito mais certeiro e eficiente. No entanto, se sua intenção é economizar ou começar com poucos recursos, considere a terceirização.

Coloque na balança, analise se é mesmo válido assumir o marketing de conteúdo ou terceirizá-lo. Sou defensor de se criar um setor de conteúdo dentro de uma empresa, acho que seria fantástico se todas fizessem isso. Mas enquanto isso não acontece, terceirizar é a chave.

Derek Miller, estrategista de marketing e mídias sociais norte-americano, costuma dar excelentes dicas quando o assunto é garantir uma boa estratégia de conteúdo:

1. Seja cuidadoso: Seja cuidadoso com a escolha de quem irá cuidar de seu conteúdo. Pesquise bem os profissionais e empresas, peça exemplos de serviços anteriores e aprenda o máximo que puder sobre o processo de suas metodologias de trabalho.

2. Se atenha à diligência de quem irá produzir: Se o profissional ou empresa que você está contratando não fizerem perguntas sobre o escopo do projeto e coletarem informações essenciais sobre as especificações de sua organização ou produto, certamente deixarão a desejar. É preciso que eles se interessem por diversos pontos de sua empresa e consolidem seu objetivo com a estratégia.

3. Procure saber qual é a política de garantia: Geralmente, um profissional freelancer não trabalha com política de garantia de qualidade, mas agências de conteúdo e profissionais consultores costumam apresentar diretrizes quanto a isso. Esse é um dos aspectos que você pode considerar na hora de terceirizar o seu conteúdo.

4. O barato sai caro: Conteúdo muito barato geralmente resulta em qualidade baixa. Conteúdo de alta qualidade tem preço compatível com o resultado. Mas nem por isso você precisa "pagar uma fortuna", claro. Busque pelo preço justo. Uma boa dica é se certificar se o terceirizado atenderá suas expectativas antes mesmo de fornecer uma cotação para o serviço.

Se você dispõe do orçamento e os meios necessários para contratar uma equipe de criação de conteúdo, vá em frente. Dessa forma você terá a oportunidade de adequar os projetos em tempo real, mantendo a voz de sua marca ativa e poderá gerenciar tudo mais facilmente. Caso não tenha tantos recursos, terceirizar pode ser a melhor solução.

Produtor de conteúdo: encontre o seu!

Sou a favor de tudo ou de quase tudo escrito por um bom redator. Há empresas planejando o marketing de conteúdo e deixando a produção nas mãos de bons redatores freelancers, e isso é bom. Há empresas cuidando da estratégia B2B, mas deixando os vídeos com produtores contratados de forma efetiva. Como eu já ressaltei, contar com gente de fora te permite alcançar resultados consideráveis sem precisar investir rios de dinheiro. É uma solução perfeita para liberar o seu tempo e evitar que conteúdo de má qualidade seja publicado em seu site ou blog.

Contratar um bom redator não é tão difícil quanto parece. Há excelentes profissionais que estão disponíveis para um trabalho sem vínculos trabalhistas, cobrando um valor bastante acessível e podendo ser solicitados quando você desejar. Você pode contratá-lo para um artigo específico ou para o seu plano completo de conteúdo. A escolha é sua.

Mas quanto se deve pagar pelo trabalho de um redator? Isso é extremamente relativo e depende de uma série de fatores, como o quanto você tem para investir ou está disposto a pagar, o tipo de trabalho que está precisando, o nível de experiência e requisitos do profissional, entre outros pontos. Saiba que um preço abaixo de mercado pode comprometer o resultado final de seu projeto. Há profissionais que preferem ganhar pela quantidade. Mas a verdade é que um valor tão baixo como esse não deveria nem ser praticado.

O preço também depende do número de palavras. Na hora de contratar um redator freelancer, dependendo da sua intenção, você pode pedir artigos com mais ou menos palavras. Desde que o texto não fique longo sem necessidade ou enfadonho, de 500 a 1000 palavras é um bom padrão de artigos para blogs corporativos. Mas quando o assunto pode ser mais profundo, principalmente quando a abordagem é mais técnica, vale a pena investir em posts maiores. Na hora de comprar artigos, você pode verificar com o redator para blog qual o número de palavras que ele mais costuma produzir. Outra dica nesse sentido, é observar os blogs de nome em seu nicho para ver o tamanho dos textos e tomar como base para produzir os seus.

O redator garante o SEO nos conteúdos? Esta é uma boa pergunta. Se sua intenção é gerar resultados em sua plataforma, precisa exigir que um redator domine pelo menos o básico do assunto. Trabalhar a palavra-chave dentro do artigo será suficiente em muitos casos. Este conhecimento básico do produtor de conteúdo é essencial para o resultado final da publicação. Se o redator freelancer for expert no SEO, vale a pena pagar um pouco a mais pelos seus serviços. Use isso como requisito na hora de escolher o profissional que irá produzir os textos para o seu site.

Uma informação importante, que você não vai encontrar em muitos sites ou livros: existem diversos perfis de redatores. Obviamente que, no fim, todos devem escrever bem, mas em se tratando de objetivo comercial, eles se diferenciam um pouco. Conheça alguns tipos que transitam no mercado de conteúdo:

Web writer: O tipo mais comum de redator freelancer. É o profissional que simplesmente se dedica a escrever para os canais digitais (sites, blogs, redes sociais, portal). Produzem conteúdos de diversos formatos e abordagens, atendendo a diversos nichos.

Assessor de imprensa: Profissionais que além de escreverem artigos, produzem conteúdo institucional, fazem descrições de páginas, planejam e executam matérias, boletins informativos, textos publicitários e ainda fecham parcerias com canais onde o conteúdo será publicado. Jornalistas formados costumam trabalhar como assessores de imprensa.

Profissional de comunicação: O perfil deste redator é muito parecido com o anterior. Basicamente produzem de conteúdo institucional a matérias específicas. Mas um comunicador habilidoso poderá ser extremamente útil na hora de definir sua linha editorial, o estilo e o tom de voz da escrita e determinar aspectos relacionados ao branding da sua empresa.

Jornalista: Os jornalistas, muitos requisitados pelos grandes sites de notícias, pouco a pouco migram para o marketing. São exímios em compor conteúdos, garantindo resultados com a escrita desde simples informativos a grandes manchetes. Costumam valorizar mais o seu trabalho, ou seja, cobram um valor superior pela produção.

Redator de marketing de conteúdo: Talvez seja um termo que estou inventando. Ele indica o redator que compreende o objetivo da escrita como estratégia, que costuma consolidar mais o SEO e os diversos aspectos de um plano de conteúdo. Ao meu ver, devem ser, acima de tudo, excelentes profissionais de marketing. Há alguns deles por aí.

Copywriter: Muitas pessoas confundem esse profissional com o redator para blog. Mas destaco que essa não é a função propriamente dita de um copywriter. Esses profissionais são quem geralmente escrevem para vender. De todos os citados, são os que podem ganhar mais com a habilidade em escrita, mas precisam compreender a ciência das vendas e da persuasão. Você pode contratá-lo para um post mais persuasivo ou para seus textos de e-mail marketing.

Dependendo de seu padrão de site, qualquer um desses redatores pode lhe atender bem, mas se você desejar algo mais específico, faça uma pesquisa e direcione sua contratação para quem compreende diversas frentes do marketing de conteúdo. A regra básica é encontrar alguém que escreva bem sobre o que você trabalha. Nesse caso, solicite um portfólio ou faça um teste para descobrir se o redator está apto a produzir para você. Encontrando uma pessoa que seja bom no tema geral do seu blog, você estará à meio caminho de fazer seu negócio decolar.

Você é responsável por 50% do trabalho do seu redator para blog. Cada redator freelancer tem um número de clientes para atender diariamente, e um número limitado de artigos para produzir. Então garanta a clareza na comunicação. Melhore a qualidade e o relacionamento com seu redator, preparando um bom "briefing". Nesse contexto, domine as seguintes informações:

Tipo do artigo: Objetivo (ex.: atrair clientes, gerar tráfego, aumentar a autoridade do blog, etc.)

Tema: Ex.: empreendedorismo, emagrecimento, marketing, ganhar dinheiro.

Número de palavras: 500, 800, 1.000, 2.000?

Palavra-chave em destaque: Siga o passo a passo da pesquisa e separe as principais palavras-chave para o seu conteúdo.

Prazo: Para quando você precisa do artigo? (mais uma vez o cronograma editorial vai te ajudar);

Outras informações: Pacote ou plano semanal? Como será feito o pagamento?

De acordo com Ann Handley, co-autora do livro 'Regras de Conteúdo', "O ideal é encontrar um produtor de conteúdo que entenda um pouco de vendas, alguém que compreenda o objetivo comercial do conteúdo, que tenha paixão por ferramentas online e que seja uma espécie de borboleta social". Sei que parece uma alta exigência, sim, de fato. Mas quanto mais seu freelancer entender da parte comercial, mais fácil será para você assegurar resultados em sua estratégia. Se houver dificuldades em encontrar um bom freelancer por conta própria, existem plataformas específicas para isso. Mas defendo a ideia de trabalhar com um redator diretamente, pois é melhor em diversos sentidos: tempo, personalização, facilidade de contato e burocracia zero (o que não é possível em algumas plataformas de conteúdo).

Neste capítulo você viu:

- Produzir conteúdo deve ser encarado como uma missão muito especial. Através da sua produção, você vai tirar dúvidas, minimizar anseios, levar conhecimento e estimular os sentidos daqueles que terão acesso à sua produção.

- Os títulos são os elementos mais importantes de uma página na internet, assim como as manchetes de um jornal.

- Se o seu produto é bom, venda. E venda de forma convincente. Não prive as pessoas de seu produto. Mostre que você é bom no que faz e esqueça quem não entrega o que promete. Eles não são problema seu. Cuide bem dos seus clientes e ponto final.

- A dificuldade de muitos redatores, escritores e autores é encarar o aspecto comercial do conteúdo. Os copywriters são ótimos nisso, mas acabam não escrevendo tão bem. De um lado temos excelentes escritores e péssimos vendedores. Do outro, excelentes vendedores e escritores medianos.

- O profissional que conseguir alinhar as duas coisas é o mais apto a gerar resultados para os negócios para o qual escreve. Esse é um grande insight, tanto para quem quer escrever seus próprios conteúdos, quanto para quem busca um produtor de conteúdo eficiente, seja um empresário ou um gestor de marketing.

- Não adianta produzir conteúdos freneticamente se eles não forem bem encontrados pelas pessoas. É por isso que SEO e conteúdo continuam formando um casamento perfeito. Quem trabalha com conteúdo web precisa saber o quanto o SEO é importantíssimo para o bom ranqueamento de uma página ou de um site nos motores de busca.

- Os clientes são humanos, por isso o conteúdo deve ser. Coloquial, relaxado, leve, são alguns atributos que você pode usar em seu conteúdo para torná-lo mais humano.

- A produção de terceiros na verdade é praticada por boa parte das empresas que ainda não possuem estrutura para cuidar de tudo internamente. Desde que se saiba como terceirizar, tudo poderá sair perfeitamente bem.

- É preciso considerar a terceirização, porque em alguns casos o negócio começa a crescer de um jeito, que fica humanamente impossível alimentar todas as suas possibilidades de conteúdo. É válido compartilhar isso com produtores de confiança, mesmo à distância.

- Em relação a investimentos, terceirizar se torna muito mais viável do que contratar, a não ser que sua proposta seja maior em termos de volume e você esteja disposto a fazer tudo internamente.

- Contratar um bom redator não é tão difícil quanto parece. Há excelentes profissionais que estão disponíveis para um trabalho sem vínculos trabalhistas, cobrando um valor bastante acessível e podendo ser solicitados quando você desejar. Você pode contratá-lo para um artigo específico ou para o seu plano completo de conteúdo.

_ Capítulo 9

Medindo os resultados

"Conteúdo sem conversão é só publicação grátis."

_Chris Goward

O marketing da chamada "Era Pós-Digital" é totalmente mensurável. Tudo que é feito online pode ser medido, comprovado e calculado com base no retorno que cada iniciativa proporciona. Os indicadores utilizados para analisar os dados, as informações e métricas utilizados no marketing digital são os KPI's – Key Performance Indicators, os Indicadores-chave de Performance, em português.

Com a função de avaliar as etapas das estratégias de marketing, os Indicadores de Performance ajudam a entender o que está funcionando e a identificar o que precisa ser melhorado. A metodologia é fundamental para analisar todos os resultados de maneira quantitativa e qualitativa. Esses indicadores auxiliam na mensuração dos números de visitas, número de páginas por visita, quantidade de visitantes que retornam ao site, quantidade de assinantes do site, quantidade de leads gerados pelo site, entre dezenas de outros indicadores possíveis. Com eles você consegue analisar o ROI – Return Over Investment ou Retorno Sobre o Investimento em marketing.

A pirâmide de KPI's ajuda a classificar os indicadores em três grupos-chave:

- Indicadores de uso (para a equipe de analistas).
- Indicadores secundários ou gerenciais (para a gerência).
- Indicadores primários (para a diretoria ou tomadores de decisão, este último o mais relevante para o dono da empresa ou para a diretoria de marketing).

Aumento de tráfego? Melhora da percepção da marca? Novo posicionamento? É importante decidir no início das atividades quais indicadores-chave de desempenho serão acompanhados. Ao definir isso, o próximo passo é estabelecer como medir o sucesso do trabalho. Os seguintes pontos precisam ser pensados:

- Definição de público.
- Quais são os desejos e necessidades dos clientes?
- Que recursos esses clientes estão usando para tomar a decisão de compra?

- Que resultados de negócio se pretende que o marketing impacte diretamente? Quais métricas irão demonstrar esse impacto?
- Quais ações serão tomadas para estimular a equipe de vendas a utilizar o material de marketing de conteúdo?
- Que ferramentas e dados serão precisos para analisar o sucesso?

Com o andamento do trabalho, é preciso fazer novas perguntas, para entender o que está dando certo e ajustar a demanda de conteúdo. Algumas métricas podem ser acompanhadas pelo seu negócio:

KPI's de Conteúdo:

- Número de visitas no site (visitantes únicos e page views).
- Tempo médio de visita no site.
- Taxa de rejeição.
- Análise geográfica (dependendo do negócio, é importante saber de onde está vindo o lead).
- Artigos/vídeos mais vistos.
- Número de comentários por artigo.
- De onde veio o tráfego em cada canal.
- Curtidas, menções, +1, etc.
- Links externos para seus canais.
- Quantidade de leitores mobile (para viabilizar ações para esse meio).
- Custo por Visita.
- Custo por Clique.

KPI's de Conversão:

- Quantidade de leads.
- Leads por canal.
- Taxa de conversão (quando seus consumidores tomam a ação específica a que foram incentivados em seu conteúdo, a média é inferior a 10%).

- Custo por Lead.
- Leads por Venda.
- Custo por Venda.
- CAC – Custo de Aquisição de Cliente.

Você pode começar pelo Google Analytics para captar os dados do site e adicionar ferramentas que podem fornecer dados úteis de acordo com seus objetivos. É importante lembrar que nenhuma ferramenta trará as análises prontas. Você deverá colher os dados e fazer uma análise humana acerca do crescimento ou não dos acessos e engajamento, implicações na conversão e o que isso muda na estratégia adotada.

Algumas KPI's se baseiam em fórmulas relativamente simples e servem para orientar a análise de desempenho do negócio. Alguns exemplos:

Taxa de Conversão de Leads = Volume total de leads ($) ÷ número total de visitas ao site

Taxa de Conversão de Vendas = Volume total de vendas ($) ÷ número total de visitas ao site

Ticket Médio = Receita total ($) ÷ número total de vendas

Índice de Engajamento = Número de visitantes que interagiram com a página ÷ total de visitantes

Influência Social = Número de posts curtidos ou resultados ÷ número total de posts publicados

Vá além de likes e page views

Como você vai informar sobre o seu desempenho em estratégias de conteúdo de uma forma significativa desde o início? É importante saber se as pessoas estão comentando, lendo ou indicando seu conteúdo. As pessoas estão compartilhando o seu conteúdo e criando um efeito viral? Isso, então, alimenta o impacto da marca. Como muitas vezes as pessoas estão mencionando seus produtos, marca ou empresa, qual é o sentimento que a marca gera? O que está sendo dito sobre seus concorrentes e como isso se relaciona com a sua marca? Seus clientes percebem diferenças claras entre sua empresa e seus concorrentes?

As principais redes sociais têm ferramentas de análise próprias. O Facebook mostra o desempenho dos posts, o Twitter Analytics decompõe as taxas de engajamento. Outras ferramentas fornecem métricas completas sobre outras redes sociais e posts. Isso te permite ver qual o conteúdo mais atraente e atual para a sua estratégia. Porque cliques, taxas de abertura, page views, compartilhamentos e assim por diante são todos simples de medir e muito fáceis de serem captados. Estas têm o seu lugar, mas é em níveis de engajamento de vendas que você deve estar focado – em suma, um bom ROI.

Leads e vendas são os resultados que mostram o benefício do negócio real e fazem a estratégia sustentável. Obter estes números é naturalmente mais difícil, mas se você configurar suas métricas para buscar, você terá uma imagem mais significativa a longo prazo através de ligações de abastecimento de conteúdo e conversões de rastreamento. O Google Analytics vai ajudar você a entender o tráfego, mas para medir ROI, você precisa tirar esse tráfego em um programa de CRM ou de automação de marketing. Isso vale a pena, mesmo se a empresa não for grande. Mesmo pequenas empresas podem tirar proveito desses dados e saber exatamente quanto custa atrair cada cliente e fazer cada venda.

Só após as conversões em vendas, é que você pode ver quantas compras seu marketing de conteúdo tem garantido. Então mede-se o valor médio de venda, o ROI médio por consumidor de conteúdo, a taxa de conversão e assim por diante. Você também pode começar a tomar algumas decisões informadas sobre quando entrar em contato com esses clientes, o que conversar com eles sobre o seu valor e potencial. No caso de inexistência de orçamento, isso pode ser feito de forma manual, analisando o sentimento das pessoas em comentários, usando Google Alerts, entre outras coisas. Não será completo como um programa, mas será suficiente para dar suporte às estratégias de conteúdo enquanto a empresa estiver crescendo.

Lembre-se sempre que a sua estratégia de conteúdo precisa trabalhar de mãos dadas com a sua estratégia de branding e de marketing em geral. Nada existe isoladamente e sua estratégia de conteúdo deve estar trabalhando para trazê-lo mais perto de seu posicionamento. O cliente enxerga uma empresa só. Esse é o básico para mensurar uma estratégia de conteúdo. Fazendo isso, você escapará da armadilha de medir apenas likes e page views.

Alguns aprendizados para uma mensuração de resultados mais efetiva:

Indicadores burros geram decisões equivocadas: Indicadores que não funcionam da maneira que deveriam, geram decisões inúteis (ou mesmo contrárias aos objetivos esperados). É muito fácil se equivocar devido aos números e não enxergar a verdadeira realidade. Por isso sempre, sempre, reavalie o processo. Livros adicionais por si só não atraem mais pessoas para a biblioteca. Nesse caso, é preciso criar uma campanha de incentivo à leitura que traga benefícios ao leitor seria mais indicado.

Identifique as falhas: Nem sempre os indicadores de desempenho são usados de forma eficaz e é comum que muitas empresas pensem apenas nos números e não descubram soluções exatas para determinados problemas. Pense nos indicadores de forma ampla e personalizada para o seu negócio, para que os resultados reais não fiquem perdidos. Se algo deu errado, se esforce para descobrir quais as falhas reais no processo.

Crie indicadores inteligentes: Criar indicadores inteligentes é aumentar a visão do negócio e pensar unicamente em todas as partes envolvidas. Só assim é possível colher os resultados desejados e aprimorar as estratégias de marketing. Mais uma vez, nada no marketing de conteúdo funciona isolado. É preciso integrar as coisas. Pensar no todo é o caminho para criar indicadores inteligentes.

Falhas -> Reclamações -> Desperdícios: Observe e controle todos os pontos de contato para evitar desperdícios de tempo e dinheiro. As reclamações de clientes podem surgir por falha em alguma etapa. É preciso descobrir onde elas ocorrem e criar soluções para evitar que voltem a desperdiçar energia. Toda reclamação de um cliente é uma oportunidade de aprendizado. O cliente está apontando uma falha e se você puder corrigi-la, tornará seu negócio ainda melhor.

Invista certo: Enquanto os indicadores "burros" podem trazer prejuízos, os "inteligentes" revelam onde suas estratégias de marketing realmente estão dando certo. Esse tipo de informação é essencial para abrir caminhos e gerar novas ideias.

Foque nas pessoas: Clientes, funcionários, a comunidade e todo o pessoal envolvido para que o trabalho funcione, são a verdadeira razão do negócio. Pensar nas necessidades do público interno e externo é fundamental para encontrar soluções que cheguem a resultados reais. Um dos grandes erros de alguns profissionais de marketing é colocar os números acima do capital humano. Não caia nesta besteira. Empresas boas são feitas de pessoas boas.

Geração de valor: A implantação de indicadores inteligentes também deve ocorrer com o propósito de gerar valor ao cliente e não simplesmente reduzir custos ou aumentar lucros. Uma coisa é proporcional à outra e, na medida que o cliente é valorizado, os resultados aparecem de forma natural. Teste isso e veja se não é verdade.

Elimine os pontos fracos: Usando indicadores de desempenho, descubra os pontos fracos da empresa e busque soluções para melhorá-los. São esses pontos fracos que colocam barreiras no crescimento e impedem um desenvolvimento completo e efetivo do negócio. Feche as brechas!

Faça adaptações e melhorias: Se os resultados obtidos não eram o esperado, é porque algo deu errado no processo de implantação das estratégias. Com bons indicadores de desempenho, é possível acompanhar o processo desde o começo, buscando possíveis falhas e encontrando soluções para elas. Busque melhorar sempre.

Números mascarados: Às vezes, quando os resultados são positivos, é comum que a organização comemore e ignore as outras etapas das estratégias do marketing. Bons números não significam que não houve falhas e nem que tudo está perfeito. A verdadeira comemoração deve ocorrer depois de uma análise real do que levou aos números e do que ficou para trás.

Novas estratégias: Incentivar a formulação de novas ideias através dos dados obtidos é a chave para alcançar o sucesso desejado. A criatividade pode contribuir muito na solução simples de problemas que pareciam complicados.

Quanto vale cada lead para sua empresa?

Há empresas fazendo um trabalho bonito na hora de planejar e produzir conteúdo de qualidade, mas errando imperdoavelmente no final do processo. Muitas vezes, justamente quando os leads se tornam clientes, simplesmente não se gerencia o processo de maneira eficiente e não se descobre quanto cada lead vale para a empresa. Antes de falarmos sobre este valor propriamente dito, é preciso entender quatro métricas principais usadas para calcular o custo de cada etapa do processo de aquisição de leads:

1. CPC – Custo por Clique

É o custo de mídia, o investimento em tráfego para atrair visitas qualificadas para o site. Estes cliques podem vir de anúncios no Facebook Ads, no Google AdWords ou em outros canais de mídia online. Contar apenas com o alcance orgânico nos resultados do Google ou no Facebook nem sempre é suficiente para a maioria dos negócios. Nesta conta também entram os custos com criação e manutenção do site, criação do conteúdo, software de inbound marketing e outros custos diretos para manter o site no ar. Sabendo quanto custa gerar o tráfego para os seus conteúdos e ofertas, é possível saber quais deles terão o melhor custo por conversão.

Exemplo: a empresa ACME investiu R$ 2.000 no Google AdWords para comprar 1.200 cliques no mês de fevereiro, o que significa um custo médio de R$ 1,66 por clique. Algumas palavras são mais caras do que outras, naturalmente, e cada palavra possui sua própria taxa de conversão na página de destino, mas é preciso ter em mente um custo médio geral, para uma análise gerencial. CPC = R$ 1,66 por clique.

2. CPL – Custo por Lead

Nem todos os visitantes se transformam em leads, por isso precisamos dividir todos os custos de manter a estratégia rodando pelo total de leads cadastrados, para saber o custo por lead convertido. Assim podemos trabalhar no aumento do número de leads ou no controle de custos da estratégia. Se algumas ofertas de conteúdo são mais eficientes em converter leads, podemos focar mais em novos conteúdos na mesma linha, enquanto outras ofertas convertem menos e podem receber menor atenção.

Exemplo: a empresa ACME investiu seus R$ 2.000 no AdWords e obteve 150 leads a partir de 1.200 cliques. Isto significa que ela precisa de 8 cliques para converter cada lead, portanto cada lead convertido custa efetivamente R$ 13,28 para a empresa (8 cliques x CPC médio). CPL = R$ 13,28.

3. LPV – Leads por Venda

Para cada venda efetivada, quantos leads foram necessários? Somente fazendo este controle e mantendo a média histórica será possível analisar a média de leads necessários para cada venda. Medindo a quantidade de leads por venda, também podemos entender quais ofertas de conteúdo tem melhor conversão e quais têm conversão menor. Assim, um conteúdo que converte poucos leads, mas muitas vendas, por ser priorizado em detrimento de outros.

Exemplo: para converter cada venda, a empresa ACME precisa em média de 13 leads. Ou seja, para cada 13 oportunidades comerciais, ou leads, um deles se torna cliente dentro do período de 1 mês. Este período será sempre uma média, porque o Ciclo de Venda varia, mas novamente, é um dado importante para manter a visão gerencial do processo de aquisição de clientes. LPV = 13/1.

4. CPV – Custo por Venda

Com as três métricas anteriores devidamente construídas, podemos calcular o Custo Efetivo por Venda. Além de toda a estratégia de conteúdo utilizada para coletar os leads, entram aqui também os custos de vendas, como a equipe de vendas, estrutura de telefonia, suporte a vendas, call center reativo e outros custos diretos do processo de vendas.

Exemplo: Sabendo agora quantos leads são necessários, qual o custo por lead e qual o custo por venda, a empresa ACME pode calcular o seu CPV? Ela pode usar os dados de LPV e CPL na fórmula: CPV = CPL x LPV = 13 x 13,28 = R$ 172,64. Ou seja, o custo final por venda da ACME, considerando os números exemplificados acima é de R$ 172,64 por venda.

Analisando as métricas acima, é possível adotar um processo de vendas mais eficiente, controlado etapa por etapa, e assim fazer os ajustes estratégicos necessários para que as vendas efetivamente aconteçam. Muitos negócios são bastante eficientes na geração de audiência, mas pouco eficientes no fechamento de vendas. Outros negócios são excelentes no fechamento de vendas, mas não geram leads suficientes. Uma vez tendo construído o processo de mensuração do marketing de conteúdo, o processo de aquisição de clientes se torna um processo repetível e escalável, permitindo que a empresa saiba o quanto precisa investir para adquirir novos clientes e possa calcular este custo com eficiência.

Além de encontrar os números de cada etapa do processo, também fica mais claro onde trabalhar para melhorar estes custos ou tornar o processo mais eficiente. Obtenha o controle e a eficiência do seu processo de aquisição de leads e clientes e consiga fazer do marketing de conteúdo uma estratégia cada vez melhor para o seu negócio!

Mantenha em mente sempre estes indicadores:

- Custo por Clique.
- Custo por Visita.
- Custo por Lead.
- Leads por Venda.
- Custo por Venda.

O gerenciamento dos ativos digitais

"Ativo" é um conceito contábil para o patrimônio de uma empresa. Equipamentos, máquinas, edifícios, computadores, bens móveis e imóveis, todos eles são ativos quantificáveis. Além dos ativos tangíveis e facilmente quantificáveis, como um computador ou um automóvel, contam também os ativos intangíveis, como o valor da marca, por exemplo. Os ativos são um dos maiores atrativos de acionistas para uma empresa, pois quanto maior seu patrimônio, maiores as suas capacidades de investir e gerar mais lucros. Empresa com bons ativos em geral é uma empresa lucrativa. No campo dos ativos intangíveis, aqueles que geram valor, mas são mais difíceis de quantificar, há um tipo de ativo muitas vezes ignorado pelas empresas: os ativos digitais.

Um bom domínio pode valer milhões, como o pizza.com, vendido em 2008 por 2,6 de milhões de dólares. Se uma empresa detém um portfólio com bons domínios em seu segmento, certamente cada um deles vale bem mais do que os custos de anuidade e hospedagem. Imagine o valor que o domínio imobiliaria.com.br poderia ter para uma imobiliária, o CRECI ou para um portal de imóveis num grande centro urbano. Mas só um bom domínio não significa tráfego nem visitantes qualificados. Para obter uma visitação de qualidade, é preciso bem mais que um bom .com.br. Esse é um dos enganos clássicos que o SEO levou muita gente a cometer: fazer conteúdo fraco e contar com um domínio forte para se destacar. Isso funcionou durante muito tempo e ainda funciona, mas não é mais eficiente a longo prazo.

Planejamento, estratégia, conteúdo de qualidade, integração e relacionamento com os clientes são fatores muito mais importantes que o domínio. No entanto, alguns acham que é mais fácil procurar atalhos do que fazer o trabalho duro.

Entre os 4 P's do marketing, o PDV (Ponto de Venda) sempre foi importante para estabelecer um contato direto com o cliente, principalmente o cliente de produtos, que quando compra no varejo, tem contato apenas com o produto, muitas vezes sem viver a experiência da marca e sem mesmo ter contato direto com algum vendedor. Na internet, as redes sociais revolucionaram o PDV, permitindo que o cliente tivesse contato e vivesse a experiência da marca em vários canais diferentes, não só no PDV.

A isso chamo de pontos de contato, uma vez que a mesma mensagem pode ser transmitida por e-mail marketing, Facebook e Twitter. A marca, neste contexto, tem de se adaptar e chegar onde puder, mas é o cliente quem escolhe quando e onde receber as mensagens.

Ao criar pontos de contato em diversos ambientes digitais a marca está investindo em ativos digitais, que tendem a valorizar com o tempo, quanto mais os clientes interagirem com eles. Se a marca possui um blog, um canal de vídeos no YouTube, perfis no Twitter e uma fanpage no Facebook, está construindo uma rede de ativos digitais, diversos canais de relacionamento com seus clientes. Isso facilita o contato com estes clientes, que interagem com o conteúdo, dão importantes feedbacks e recomendam a marca para os amigos.

Por isso, ao invés de olhar seus "perfis" em redes sociais como simples canais de informação ou relacionamento, a marca precisa vê-los como fundamentos essenciais do relacionamento digital. Ao interagir através destes ativos, o cliente fornece mais e mais informações sobre si, criando diversas oportunidades de conexão com os conceitos que cada marca representa. No mundo do SEO, os perfis sociais são utilizados para construir relevância e gerar links valiosos, mas muitas vezes esquece-se o principal: manter o perfil ativo e atualizado. É aí que a social media se casa com o SEO para ser feliz para sempre!

Ao integrar os diferentes canais de comunicação e relacionamento, temos a oportunidade de gerar valor real, colher informações e preferências dos clientes e entender cada vez mais suas necessidades e desejos. Sabendo escolher e administrar os ativos digitais certos e medir os indicadores de sucesso corretos, você estará levando seu marketing para o estado da arte.

Neste capítulo você viu:

- O marketing da chamada "Era Pós-Digital" é totalmente mensurável. Tudo que é feito online pode ser medido, comprovado e calculado com base no retorno que cada iniciativa proporciona.
- Os indicadores utilizados para analisar os dados, as informações e métricas utilizados no marketing digital são os KPI's – Key Performance Indicators, os Indicadores-chave de Performance, em português.
- A pirâmide de KPI's ajuda a classificar os indicadores em três grupos-chave:
  - Indicadores de uso (para a equipe de analistas).
  - Indicadores secundários ou gerenciais (para a gerência).
  - Indicadores primários (para a diretoria ou tomadores de decisão, este último o mais relevante para o dono da empresa ou para a diretoria de marketing).
- Os seguintes pontos precisam ser pensados:
  - Definição de público.
  - Quais são os desejos e necessidades dos clientes?
  - Que recursos esses clientes estão usando para tomar a decisão de compra?
  - Que resultados de negócio se pretende que o marketing impacte diretamente? Quais métricas irão demonstrar esse impacto?
  - Quais ações serão tomadas para estimular a equipe de vendas a utilizar o material de marketing de conteúdo?
  - Que ferramentas e dados serão precisos para analisar o sucesso?
- Com o andamento do trabalho, é preciso fazer novas perguntas, para entender o que está dando certo e ajustar a demanda de conteúdo. Algumas métricas podem ser acompanhadas pelo seu negócio:
- KPI's de Conteúdo:
  - Número de visitas no site (visitantes únicos e page views).
  - Tempo médio de visita no site.
  - Taxa de rejeição.

- Análise geográfica (dependendo do negócio, é importante saber de onde está vindo o lead).
- Artigos/vídeos mais vistos.
- Número de comentários por artigo.
- De onde veio o tráfego em cada canal.
- Curtidas, menções, +1, etc.
- Links externos para seus canais.
- Quantidade de leitores mobile (para viabilizar ações para esse meio).
- Custo por Visita.
- Custo por Clique.

- KPI's de Conversão:
  - Quantidade de leads.
  - Leads por canal.
  - Taxa de conversão.
  - Custo por Lead.
  - Leads por Venda.
  - Custo por Venda.
  - CAC – Custo de Aquisição de Cliente.

- Além de encontrar os números de cada etapa do processo, também fica mais claro onde trabalhar para melhorar estes custos ou tornar o processo mais eficiente. Obtenha o controle e a eficiência do seu processo de aquisição de leads e clientes e consiga fazer do marketing de conteúdo uma estratégia cada vez melhor para o seu negócio!

- Mantenha em mente sempre estes indicadores:
  - Custo por Clique.
  - Custo por Visita.
  - Custo por Lead.
  - Leads por Venda.
  - Custo por Venda.

CASE
Kauffer Pilates

Como a Kauffer Pilates aumentou mais de 50% do faturamento

Com auxílio estratégico da Clint.Digital, a Kauffer Pilates aprimorou sua proposta de valor para fortalecer a marca no mercado e alavancou os resultados, alcançando o recorde de vendas em apenas um ano.

A estratégia de Inbound Marketing

Em 2015, a Clint.Digital apresentou para a Kauffer a estratégia de inbound marketing, com o objetivo de consolidar sua marca, que desejava tornar-se referência em qualidade de equipamentos e aumentar as vendas.

A Clint iniciou o trabalho com um estudo sobre o cliente e o mercado, que levou a uma melhoria na proposta de valor da empresa e no posicionamento da marca. A partir da coleta de dados, passou a trabalhar com um conceito diferenciado: mais do que equipamentos de Pilates, a Kauffer vende inovação e ajuda seus clientes desde a abertura do estúdio até a gestão do negócio. Este era um diferencial não explorado no conteúdo.

O estudo do cliente foi seguido pela definição da estratégia, feita com dois pilares: site focado em conversão – tanto conversão de leads para aumento da base, quanto conversão de vendas – e oferta de conteúdo sobre gestão de estúdios de pilates.

Além disso, conteúdo e layout do site também foram pensados a partir da essência da empresa. Ao navegar pelo site da Kauffer, o visitante deveria entender como a empresa ajuda seus clientes, não só no momento da compra dos equipamentos, mas em todo o negócio do estúdio de pilates.

Para gerar mais leads e alcançar a meta de vender mais, são produzidas landing pages com ofertas de materiais ricos como e-books, infográficos e webinars, que incentivam a conversão.

O relacionamento com o público-alvo é realizado através de e-mail marketing, sejam newsletters ou e-mails pontuais, além dos fluxos de nutrição automatizados, que oferecem os materiais certos para os leads, conforme a segmentação e as etapas da jornada de compra.

Outra aposta é na divulgação de conteúdos em mídias sociais, com o objetivo de se relacionar com o público-alvo, aumentar o tráfego do site e o número de leads engajados com a marca.

A utilização estratégica de palavras-chave na rede de pesquisa do Google, combinada com anúncios na rede de display, é fundamental para os resultados que a empresa tem conquistado também, aumentando a percepção de marca e a presença junto aos leads.

Resultados

O trabalho de inbound realizado pela Clint.Digital resultou em um grande aumento no número de leads gerados, que se refletiu no crescimento das vendas da empresa, um dos desafios identificados inicialmente.

Com a produção e a divulgação de materiais ricos, em pouco mais de um ano de implantação da estratégia de inbound, a Kauffer gerou a conversão de quase 9 mil novos leads, o que representa mais de 30% dos leads entregues de oportunidades para vendas. Para análise comparativa de uma pequena amostra, um único e-book gerou cerca de 1 mil novos leads em apenas 30 dias.

"A adoção da estratégia de inbound marketing, em muito pouco tempo, fez com que tivéssemos um resultado de vendas muito além das nossas expectativas", afirma o diretor comercial e marketing da Kauffer, Rafael Silveira.

"Logo nos primeiros meses de trabalho com marketing digital já percebemos um crescimento em torno de 15% no faturamento, evidenciando a assertividade da estratégia proposta. No período de um ano registramos o aumento de mais de 50% no faturamento da empresa e alcançamos a média de 33% de conversão de oportunidades para vendas, superando as expectativas e as metas estabelecidas."

O aumento da base de leads e das vendas contribuem, também, para o fortalecimento e reconhecimento da marca, outro desafio estabelecido no início do trabalho. Com pouco mais de um ano de trabalho, Silveira garante que o posicionamento da marca e as estratégias de marketing digital adotadas são o diferencial competitivo da Kauffer.

A equipe comercial da Kauffer teve um aumento de 120% para acompanhar a demanda e o volume de vendas, que escalam a cada mês. Focado na qualidade das vendas, Silveira supervisiona o setor e registra que o crescimento não cessa. "Com o recorrente aumento de leads gerados através do inbound marketing, precisamos estruturar melhor a equipe para dar conta da crescente procura por nossos produtos e, consequentemente, manter o nível de qualidade no atendimento aos nossos clientes."

A empresa, fundada em 2011 na região da Grande Florianópolis, em Santa Catarina, deu um salto em desenvolvimento, fechando vendas em todo o país e deixando para trás concorrentes com mais tempo de mercado. Em pouco tempo a empresa espera se tornar a maior fabricante de equipamentos de pilates no Brasil.

_ PARTE TRÊS

FAÇA SUA PARTE

_ Capítulo 10

Criando um processo de Marketing de Conteúdo

"O que é conteúdo de qualidade? No fim das contas, o consumidor decide."

_Joe Chernov

Até aqui abordei as principais frentes do marketing de conteúdo e mostrei como planejar e executar uma estratégia de conteúdo para gerar mais visitas, mais leads e mais vendas. Acredito que você já esteja colhendo alguns frutos do que veio plantando a partir do conhecimento aplicado dos capítulos anteriores. Não pare.

Não existe uma fórmula mágica, uma regra-padrão, um gabarito que te dê todas as respostas. Você só precisa conhecer, identificar, considerar todos os pontos e depois precisa ligá-los. Essa conexão de pontos é que torna as coisas mais simples e esse capítulo vai deixar isso claro. É o que eu chamo de Framework de Conteúdo. Sempre que quiser relembrar o passo a passo de uma estratégia, volte a este capítulo. Ele resume o processo de conteúdo em 7 etapas:

Etapa 1: personas

O objetivo nesta etapa é descobrir quem é o seu cliente, saber o que ele busca, ter a ideia clara das suas maiores necessidades e dores. Pular ou ignorar essa fase, vai comprometer todo o resto. A partir do momento em que você tem um negócio rentável, definir uma buyer persona é fundamental. Esta simulação do seu cliente ideal te ajuda a identificar quem são os compradores, as situações ais que se deparam, como mudaram de preferências e comportamento, quais os objetivos e preferências, etc.

Sem essa "padronização", você não sabe exatamente para quem está vendendo e acaba atirando no escuro. Existem diversas ferramentas (gratuitas e pagas) para a construção de personas, mas você pode fazer isso "manualmente". Ou, o que eu acho mais prudente, contratar uma agência para fazer para você. O importante é que faça bem. Só depois deste processo, é que você pode avançar e começar a traçar o restante da estratégia.

Existem 5 pontos que vão te ajudar a construir suas personas:

1. Descubra quem elas são.

2. Descubra o que elas fazem.

3. Descubra o que elas querem.

4. Descubra como elas veem a si mesmas.

5. Descubra como elas usam o seu tempo no trabalho.

Utilize alguma ferramenta para criar suas personas, acrescentando mais detalhes, como nome, idade, informações pessoais e profissionais e etc. Também é importante listar as necessidades delas e fazer uma pesquisa de possíveis conteúdos baseados no comportamento dessas personas.

Etapa 2: planejamento

Nesta segunda etapa, o estrategista de conteúdo deve trabalhar para definir não só o conteúdo que será publicado, mas o porquê de se estar publicando. Se a coisa não for por esse caminho, você pode acabar garantindo apenas uma linha de produção de conteúdo gratuito que ninguém realmente precisa ou quer.

O desenvolvimento de um bom planejamento deve ser precedido por uma auditoria e análise, etapa em que se descobre e se documenta o que já se tem e o que precisa ser criado. Na melhor das hipóteses, uma estratégia de conteúdo define:

- Principais temas e mensagens.
- Tópicos recomendados.
- Propósito do conteúdo (como o conteúdo vai se enquadrar no espaço entre as necessidades do público e requisitos de negócio).
- Análise dos tópicos do conteúdo.
- Estruturas de metadados e atributos de conteúdo relacionado.
- SEO – Search Engine Optimization.
- Implicações das recomendações estratégicas sobre a criação, publicação e governança.

Etapa 3: ofertas de conteúdo e landing pages

Os bons profissionais de marketing e os empresários mais atualizados já entendem que uma venda não acontece de forma direta. Somente uma parte muito pequena dos leads costumam estar no momento de decisão de compra. A outra parte precisa ser qualificada, receber material educativo e ganhar confiança no vendedor e na solução oferecida antes de comprar.

Sua oferta de conteúdo servirá para educar o seu lead, qualificar a demanda dele e captar informações que serão úteis a você para aprofundar o relacionamento. As landing pages trabalham de forma integrada, dando o suporte ao conteúdo para transformar os visitantes em leads. É nesse tipo de página que sua oferta será promovida e que a conversão deverá acontecer.

Etapa 4: criação de conteúdo

Conteúdo se resume em textos, dados, gráficos, áudios, vídeos e qualquer outo formato que você decida entregar. O conteúdo é moldado e fornecido por inúmeras ferramentas como PDF, streams e assim por diante. Sobre a criação, é preciso definir qual conteúdo será criado e por que, como esses formatos serão criados ou encontrados, quem está encarregado de criar, como o conteúdo vai chegar ao público, quem vai editar e revisar, quem vai publicar e divulgar, que estratégias e ferramentas serão usadas para fazer com ele chegue até aos usuários, etc. É na criação que as coisas começam a tomar forma.

Uma maneira interessante de começar a definir o conteúdo é descobrir o que seus concorrentes estão produzindo. Você pode contar com ferramentas como o SEMRush, que permite saber, por exemplo, quais palavras-chave a concorrência está usando, como estão os anúncios, resultados de pesquisas orgânicas e pagas etc.

Para pautar sua produção de conteúdo, você pode também analisar os comentários em blogs do assunto para descobrir o que as personas perguntam, comentam e o que querem saber. Depois de fazer esse benchmarking, você pode validar seu trabalho utilizando, por exemplo, o Buzzsumo, que mostra os conteúdos mais compartilhados para determinada palavra-chave.

Etapa 5: canais de conteúdo

Já definidas as personas, os objetivos, o planejamento, as ofertas e landing pages e os conteúdos a serem produzidos, chegou a hora de escolher os canais para propagar e divulgar o seu conteúdo. Você precisa de meios comunicadores eficientes para atingir o seu interlocutor. Existem vários modelos e formatos de canais para que você faça isso. Contudo, é bom selecionar três principais canais de conteúdo para você montar a sua estratégia digital e divulgar o seu material.

Estes serão os seus canais digitais de tráfego. É muito importante saber quais deles trazem mais resultado para o seu negócio e quais os que você precisa melhorar o desempenho ou deixar de investir. Cada canal tem suas peculiaridades, sendo alguns melhores para atração, outros para relacionamento ou venda. Seu website, a versão mobile dele, o blog, o e-mail marketing e as redes sociais são alguns exemplos.

Muito cuidado na hora de utilizar os diferentes canais para gerar conteúdo. As redes sociais, por exemplo, podem dar pouco retorno se você ainda não for uma marca consolidada no mercado. Por isso, crie bastante conteúdo nas redes sociais e interaja com influenciadores para gerar cada vez mais seguidores.

Quando você começar sua estratégia de conteúdo, estabeleça canais onde há pessoas gerando demanda, como o Google, por exemplo, onde todos os dias as pessoas fazem buscas para resolver seus problemas e tirar dúvidas. Lembre-se de priorizar os canais onde seu público-alvo está.

Etapa 6: divulgação

Quando falamos em campanha, estamos falando de um conjunto de ações coordenadas, por um tempo determinado, para se alcançar um objetivo. O marketing de conteúdo não tem campanha, pois não é algo com tempo para acabar. Trata-se de algo contínuo. Quando nos referimos às campanhas, estamos falando do que é feito na linha de frente. As ações publicitárias que levam as pessoas até sua landing page, até seu novo post, até seu novo vídeo no YouTube.

Após as etapas citadas, é preciso investir em algum tipo de campanha para chamar o público. Isso é uma forma de divulgar o que você tem feito no seu blog e em outros canais de conteúdo. Reservar parte do orçamento para investir em mídia e divulgar o conteúdo é fundamental. Aliás, use mais tempo divulgando do que produzindo!

Etapa 7: mensuração

De nada adianta se esforçar ao máximo para alavancar a venda de produtos e serviços através do conteúdo, se você não se importa com a mensuração de resultados. Não medir é deixar de lado um aspecto racional da sua estratégia. Essa análise é um processo tão imprescindível quanto à seleção do público-alvo e o alinhamento dos canais e formatos.

Importante que, antes de definir quais estratégias de marketing serão as melhores para o seu negócio, você também trace quais objetivos deseja atingir, para logo depois poder mensurá-los. Essa é uma ótima maneira de dividir seus objetivos em partes, facilitando na hora de gerar relatórios de cada uma das ações. Mas não ache que a mensuração é o fim. Ela fecha um ciclo das etapas de conteúdo, mas servem como base para que novos objetivos sejam traçados.

A construção do plano de conteúdo

(mais resumos para te ajudar)

Basicamente, um plano de conteúdo é um documento para você saber o que deve ser feito para produzir o conteúdo de sua empresa. Ele serve principalmente como um guia de consulta, onde você pode anotar seus objetivos e metas para conseguir segui-las de forma mais próxima. Registrando objetivos e metas, a chance de você alcançá-los é maior.

O plano deve responder à seguinte pergunta: Qual conteúdo interessa para seus leads e clientes?

Se pensarmos em termos de framework, podemos considerar que um plano de conteúdo é formado por diversas etapas: personas, formatos, calendário, métricas, relacionamento e tudo que permeia a relação com o cliente.

A função de um bom profissional de planejamento é justamente conectar todos esses pontos e fazer com que eles conversem entre si.

Existem algumas "chaves" dentro do processo para que isso aconteça e, geralmente, o profissional já possui essas "chaves", essas respostas – ele só precisa colocá-las no papel para que sejam executadas. O profissional que monta o plano de conteúdo não precisa ser necessariamente um expert em todos esses pontos, mas precisa ter ao menos uma noção deles para poder criar uma estratégia bem estruturada. Mas o mais importante de tudo é que ele precisa entender os clientes e saber o que faz diferença para eles no processo de compra.

O framework de um plano de conteúdo possui várias etapas, que você pode construir a partir da documentação dos pontos a seguir:

Resumo executivo

Resumo executivo: É uma explicação para as pessoas que forem trabalhar com framework, para que saibam exatamente do que se trata.

Situação atual de marketing: É o que você faz hoje, quais são as suas iniciativas e quais são os resultados que você está obtendo. Isso é fundamental principalmente para quem tem que prestar contas com superiores ou pedir a aprovação de orçamentos

Análises de oportunidades, desafios e questões: Em suma, mostrar onde é que você tem oportunidades de melhoria, onde estão os desafios tecnológicos etc.

Objetivos: Onde você quer chegar com um plano de conteúdo e o que você quer que o plano de conteúdo gere de negócios para a empresa.

Metas: Quais são as metas que você quer alcançar, ou seja, um objetivo numérico. Pode ser uma determinada quantidade de Leads que você quer gerar, quantos parceiros você quer cadastrar, etc.

Resultados projetados: Onde você espera chegar, quais resultados você pretende alcançar ao atingir as metas e objetivos.

Plano de implementação: Quem é responsável pelo que e quando deve executar suas tarefas.

Métricas: O que você vai medir, sejam pageviews, conversão, número de leads...

ROI: É o retorno sobre o investimento, ou seja, quanto dinheiro você vai gerar a partir do investimento inicial que foi feito.

Uma vez que você tenha definido esse framework, é hora de colocar a mão na massa e partir para as etapas do plano de conteúdo.

Escolha o seu formato

Existem formatos mais e menos inovadores quando você está planejando seu conteúdo. Posts de blog, e-books, vídeos e depoimentos são coisas obrigatórias de se produzir, pois são os formatos de conteúdo mais estabelecidos na internet. Mas se você já está produzindo conteúdo há bastante tempo e quer inovar, pode fazer outras coisas, como infográficos, podcasts, aplicativos e testes online – desde que sejam realmente relevantes para sua audiência.

Veja a seguir alguns exemplos de formato que você pode utilizar:

- Posts em blog.
- Páginas de produtos/serviços.
- Landing pages.
- E-books.
- Vídeos.
- Planilhas.
- Apresentações (slides).
- Depoimentos.
- Infográficos.
- Podcasts.
- Aplicativos.
- Testes online.
- Comparativos.
- Webinários.

Não esqueça que seu lead não tem todo o tempo do mundo, por isso seja objetivo. Ofereça conteúdos direto ao ponto. Gere no lead a sensação de que seu conteúdo é exatamente o que ele precisa, para que seu material não seja só mais um na imensa lista de conteúdos baixados, mas nunca vistos. Nesse sentido, pense em utilizar formatos mais dinâmicos, como vídeos, por exemplo.

Plataformas

Defina claramente as plataformas que você irá utilizar e tente se manter sempre na mesma. Ficar trocando de site a toda hora, por exemplo, dificulta a estratégia, principalmente porque todo o histórico de visitas vai decair de qualidade, mesmo que você faça os redirecionamentos necessários. Entre as principais plataformas, estão:

- Site/Mobile: WordPress, Joomla, Drupal, OpenWeb.

- Vídeos: YouTube, Vimeo, Wistia, Vidyard, Vidcaster.
- eBooks: Trakto, Liber.io, Canva.
- Mídias Sociais: Facebook, Twitter, Instagram, SnapChat, LinkedIn.
- Automação de Marketing: RD Station, LeadLovers, SharpSpring, Mautic, HubSpot, Lahar.

Pontos de conexão

Pontos de Conexão são locais por onde seu lead navega e para onde você pode levar seu conteúdo para que as pessoas descubram e consumam. Exemplos:

- Outros blogs do seu segmento.
- Canais de influenciadores e personalidades da sua área.
- Canais de autores conhecidos.
- Canais do YouTube (é possível segmentar anúncios exclusivamente para esse canal).
- Sites influentes.
- Interesses da audiência (hoje você pode criar anúncios nas mídias sociais e mecanismos de busca de acordo com o interesse da audiência).
- Publieditoriais.
- E-books co-branded (busque outra empresa do seu ramo e que tenha um público-alvo semelhante ao seu para criar um conteúdo em parceria).
- Entrevistas (dê entrevistas e traga entrevistados interessantes para o seu blog).

Conte história com seu conteúdo

Esse talvez seja o ponto mais importante de todo o plano de conteúdo: mais do que ranquear nas buscas do Google, o seu conteúdo deve contar uma história para sua audiência. A história aumenta suas chances de estabelecer um relacionamento com seu público. Um bom exemplo é a Nike: seu conceito defende que "Se você tem um corpo, você é um atleta". A história por trás da marca é tornar cada ser humano um atleta, e assim estimular a venda dos produtos.

Assim como ela, cada marca tem uma história por trás, e é essa história que tem que ficar no subconsciente dos leads quando eles olharem para a sua marca. Mas o personagem principal dessa história não deve ser a sua empresa: faça do seu cliente o herói. A ideia central deve ser como o cliente descobriu o problema e o resolveu com ajuda da sua solução.

Na hora de pensar na sua história, alguns elementos podem ajudar a torná-la mais interessante:

Aspectos Negativos:

- Desafios.
- Frustrações.
- Problemas.
- Metas.
- Vilão.

Aspectos Positivos:

- Sonhos.
- Ambições.
- Objetivos.
- Resultados.
- Herói.
- Seja humano, afinal.

Calendário de conteúdo

É necessário documentar suas ações e suas sugestões/previsões de conteúdo para que você fique comprometido e seja mais fácil publicar de forma recorrente. Crie um calendário editorial de conteúdo e coloque nele tudo o que você precisa produzir (posts de blog, e-books, emails, posts em redes sociais etc.), quem é o responsável pela tarefa, quando será lançado, entre outros aspectos.

Métricas

Existem muitas métricas que você pode analisar quando falamos de plano de conteúdo, mas as duas principais são: leads convertidos e custo total por lead. Afinal de contas, são essas que vão influenciar diretamente no seu ROI. Exemplos de métricas de acordo com seu objetivo:

Indicadores primários (para administrar os lucros)

- Leads convertidos.
- Custo Total por Lead.

Indicadores secundários (para gerenciar)

- Assinantes do Blog.
- Assinantes de e-mail.
- Crescimento de leads.
- Fontes de leads.
- Qualidade dos leads.
- Custo por Lead (em cada estágio).
- Custo por Visitante.

Indicadores de uso (para medir a evolução)

- Pageviews.
- Visitantes.
- Tendências de visitas.
- Conteúdo mais lido.

- Palavras-chave.
- Top landing pages.
- Referers.
- Conversões.
- Custo médio de PPC.
- Leads.
- Comentários.
- Engajamento.
- Tráfego do blog.
- Compartilhamentos de conteúdo.
- Assinantes de e-mail.
- Seguidores, Fãs, +1's.

Leads

Em relação aos leads, observe sempre: a origem (de qual canal vieram), o tipo, as fases dos funis pelos quais ele já passou e o custo por Lead gerado.

Responda em 5 segundos

Em um plano de conteúdo, é importante perceber o quanto seu site, suas landing pages e seu material institucional estão contando sobre o que sua empresa faz. Por isso, quando um Lead acessa um desses conteúdos, ele deve ser capaz de responder rapidamente:

- Qual problema a sua empresa resolve?
- Por que ele precisa disso?
- Como isso aumenta o lucro ou diminui o custo?
- Qual é o ROI disso para ele?
- Por que sua empresa é a mais indicada para resolver esse problema?

Vendas

No final das contas, o objetivo do marketing de conteúdo é aumentar as oportunidades e os fechamentos do setor de vendas. Então, algumas questões que devem ser levadas em consideração são:

- Integração marketing e vendas (os objetivos das duas equipes jamais devem brigar).
- Atendimento aos leads (os leads gerados pelo marketing estão sendo atendidos de maneira adequada?).
- Fechamento da venda (quais são as métricas de fechamento que você tem?).
- Custo por Venda (qual tem sido o investimento para gerar cada fechamento?).

Questões para construir um bom conteúdo

Quando o assunto é produção de conteúdo, algumas perguntas e dúvidas podem ser boas norteadoras. São elas:

- Por que não estamos gerando vendas?
- O que seus prospects dizem ao time de vendas quando fecham com outro fornecedor?
- Onde o cliente começa uma busca por uma eventual solução?
- Quais os mercados limítrofes em que estamos inseridos?
- Qual a conversa que você deseja construir com os seus clientes? Esta conversa acontece somente online?

Relacionamento

Depois que você fez a venda, o processo não acaba. Você precisa vender de novo e gerar indicações. É preciso que os clientes façam upsell ou comprem novamente de você. Para isso, leve sempre em consideração:

- Perfil dos clientes.
- Perfil de atendimento.
- Suporte técnico (se você não atende seus clientes, você os perde).
- Upsell (qual upsell você deve oferecer para eles).
- Lifetime Value (o quanto ele deve gastar com você além da primeira venda).

Esse é um exemplo de como o plano de conteúdo é importante para perceber onde estão os problemas do conteúdo, gerar melhorias e colher os bons resultados.

Neste capítulo você viu:

- O framework de conteúdo resume o processo de marketing de conteúdo em 7 etapas:

    1. Definição das personas.
    2. Planejamento de conteúdo.
    3. Ofertas de conteúdo e landing pages.
    4. Criação de conteúdo.
    5. Canais de conteúdo.
    6. Divulgação do conteúdo.
    7. Mensuração dos resultados.

- O plano de conteúdo é um documento para você saber o que deve ser feito para produzir o conteúdo da sua empresa. Ele serve principalmente como um guia de consulta, onde você pode anotar seus objetivos e metas para conseguir segui-las de forma mais próxima. Registrando objetivos e metas, a chance de você alcançá-los é maior.

- O plano de conteúdo consiste de:
    - Resumo executivo.
    - Formatos de conteúdo.
    - Plataformas a serem utilizadas.
    - Pontos de conexão.
    - A história por trás do conteúdo.
    - Calendário de conteúdo.
    - Métricas.
    - Gestão de leads.
    - Avaliação do Site.
    - Metas de vendas.
    - Questões para construir um bom conteúdo.
    - Relacionamento pós-venda.

_ Capítulo 11

Não me diga adeus!

"Existem duas coisas que as pessoas querem mais do que sexo e dinheiro: reconhecimento e apreciação."

_Mary Kay Ash

A autora da frase na página anterior é a fundadora da empresa de cosméticos que leva seu nome. Toda a indústria de cosméticos é baseada no princípio de que o ser humano quer se sentir bem consigo mesmo e ser reconhecido pelos seus pares. Abraham Maslow já havia ensinado isso aos profissionais de marketing há mais de meio século, mas tendemos a nos esquecer das coisas de tempos em tempos.

A empresa baseia seu método de comercialização no reconhecimento das melhores vendedoras e na apreciação de seu esforço através de símbolos de status, como carros com as cores da marca. Faz muito sentido seguir os princípios Kay também em outros contextos. No mundo digital, a apreciação também é conhecida como "gamification".

Na pirâmide de Maslow, o reconhecimento é o topo da pirâmide, o estágio máximo de desenvolvimento que o ser humano almeja. Fazer parte de algo, sentir-se parte de um grupo, buscar um sentido em meio ao dia a dia atribulado.

Se os profissionais de marketing conseguirem fazer com que seus clientes se sintam bem, o sucesso é praticamente garantido. O conteúdo é uma forma de se fazer presente, estreitar laços e um dar um sentido à relação com o cliente.

Espero que este livro tenha lhe ajudado a entender as recentes mudanças que estamos enfrentando no mundo do marketing, especialmente no que tange ao comportamento do consumidor e ao relacionamento com o cliente. O conteúdo não é o único caminho para superar os desafios que o mundo digital lançou para empresas e profissionais, mas certamente é uma parte fundamental e tudo acaba convergindo com ele.

Por isso, digo novamente: marketing de conteúdo é a moeda do século XXI. Se você quer merecer o tempo e a atenção das pessoas a quem se dirige, precisa criar bom conteúdo.

Agora mãos à obra! Que conteúdo sua marca está publicando? Qual história o seu conteúdo está contando para estes clientes potenciais?

Existe um grande número de pessoas buscando algo que as ajude a vencer limitações, superar problemas, suportar dores, atingir metas e superar desafios. Crie o melhor conteúdo que puder para elas. Se o seu conteúdo valer o tempo e a atenção dessas pessoas, isso mostrará o seu valor. E se elas perceberem que o valor é muito maior do que o preço, dinheiro nunca mais será o problema.

Se isso não é marketing no estado da arte, não sei o que mais será.

Obrigado,

Rez

Avalie a experiência deste livro!

Se você gostou, e também se não gostou, peço que deixe seus comentários no site:

www.livromarketingdeconteudo.com.br/experiencia

Você poderá dar o seu feedback de forma identificada ou anônima, se preferir.

Para me acompanhar, você pode me seguir:

Redes sociais:

YouTube: http://www.youtube.com/RafaelRezMarketing

LinkedIn: https://br.linkedin.com/in/rafaelrez

Fanpage: http://www.facebook.com/rezponde

Meus sites:

www.marketingdeconteudo.com.br

www.novaescolademarketing.com.br

Sobre o autor

Sobre o autor

Rafael Rez é especialista em Marketing, com MBA em Marketing pela Fundação Getúlio Vargas (FGV) em 2013.

Fundador da consultoria de marketing digital Web Estratégica, já atendeu mais de 1.000 clientes em 20 anos de carreira. Fundou seu primeiro negócio em 2002, de onde saiu no final de 2010. Foi sócio de outros negócios desde então, mantendo sempre como atividade principal a direção geral da Web Estratégica.

Além de empreendedor e consultor, é professor em diversas instituições:

- Professor do MBA de Marketing da HSM Educação (2014).
- Professor da pós-graduação em Marketing Digital do ILADEC (2014 e 2015).
- Professor da pós-graduação em Marketing Digital da ESAMC (2016).
- Professor do MBA Executivo em Marketing Digital Estratégico da ALFA (Goiânia) (2016).
- Professor do MBA de Marketing Digital da Impacta (2016).
- Professor palestrante nos cursos de férias da ESPM (2015 e 2016).
- Professor palestrante no curso de extensão em Marketing Digital do INSPER (2016).

Também palestrou em diversos eventos: Feira do Empreendedor do SEBRAE (2014, 2015), RD Summit (2014, 2015, 2016), Search Masters Brasil (2012, 2013, 2014, 2015), e-Show, OlhóSEO (2011, 2012, 2013, 2014, 2015) Semana de Imersão da Martha Gabriel, Content Summit, RD On The Road, FiveCON, Digital Outbox, Marketing Digital Day, Trilha Digital, SEMDúvida, UaiSEO, TchêSEO, SEOCamp, EmpreendeBrazil, Empreenda-se, ID360, Digitalks Expo, além de Convenções Empresariais pelo país.

Foi co-criador da Metodologia Checklist SEO (2014) junto com Rodrigo Nascimento e do Curso Online Conteúdo de Resultados com Alex Moraes (2015). Organizou em 2015 a Conferência de Marketing de Conteúdo, em São Paulo. Em 2016 lançou o Curso Online Marketing Hacks, para Empreendedores.

Para consultoria, palestras ou comentários sobre o livro você pode falar diretamente com ele através do e-mail:

rez@rafaelrez.com

Para ser informado sobre palestras em eventos, cursos presenciais, cursos online e workshops cadastre-se em:

www.livromarketingdeconteudo.com.br

Para assinar o conteúdo semanal e receber dicas, insights e boas práticas de marketing, acesse a oferta especial:

www.novaescolademarketing.com.br/livro

Glossário de Marketing de Conteúdo

A

Autoria

Além do significado óbvio de deter os direitos sobre alguma obra, mais recentemente muito se fala de ferramentas de autoria, como o Google+ Autorship. Por meio de cadastro no Google+ o produtor de algum conteúdo se registra como autor e, assim, tem seu nome vinculado a conteúdos publicados em determinados sites. Esse link do Google+ tem importante peso no posicionamento (ranking) dos sites no Google. No mesmo sentido, os autores que utilizam essa ferramenta de autoria adquirem maior relevância. Essa possibilidade também diminui o impacto da cópia de seu conteúdo nos seus resultados, pois as buscas sabem que você é um produto de conteúdo original e, numa possível disputa com alguém que o copiou tenderá a dar a você melhores rankings para o assunto do referido conteúdo.

B

Bookmarking Social

Utilização de marcadores que deixam seus favoritos acessíveis pela internet. O que aparentemente apenas facilitaria um eventual acesso remoto, na verdade tem a intenção de conseguir mais visitas, já que sua lista pode ser compartilhada. Os mais conhecidos são Digg, Newsvine e StumbleUpon para textos e postos e Pinterest para imagens.

Branding

Processo de construção de uma marca por meio das experiências que ideias, imagens ou textos despertam em uma pessoa. Essas experiências constroem a marca e à percepção delas chamamos de Brand Recognition, reconhecimento da marca. Uma marca está bem estabelecida quando as pessoas atrelam imagens, slogans e até sons aos produtos e serviços oferecidos por essas marcas. Busca-se sempre que o público vincule uma marca à qualidade, ao sinônimo de bons produtos ou serviços.

Brand Awareness

É a noção de quão atentas à sua marca as pessoas estão. Para negócios digitais essa noção pode ser efetivamente medida. Como exemplo, quantas pessoas chegam ao seu site pesquisando sua marca, por exemplo.

C

Calendário Editorial

É a organização da produção e agendamento da publicação de conteúdo. A organização do calendário facilita também o controle de processos colaborativos (quando muitos produzem ao mesmo tempo). Vamos falar bastante disso mais tarde.

Canal

É o meio onde o conteúdo estará disponível. Pode ser um site, mensagem de email, podcast, o Facebook, Youtube, enfim, qualquer lugar que hospede o conteúdo.

Chamada para Ação (do inglês Call to Action)

É a instrução contida no conteúdo para que o consumidor (do conteúdo) tome alguma ação específica, que pode ser comprar um produto, cadastrar seu e-mail ou visitar outro site.

Checagem de Fatos

Processo de confirmar não só a veracidade das informações apresentadas, mas também, sua atualidade e pertinência. Ferramenta imprescindível do Jornalismo que também é muito importante no Marketing de Conteúdo.

Choque de Conteúdo (Content Shock)

Discussão interessante iniciada por Mark Schaefer (e já desbancada) que afirma que o marketing de conteúdo é uma estratégia inaplicável. Isso se baseia em três premissas:

- É impossível se consumir todo o conteúdo desejado ou encontrado;
- Com o tempo somente as grandes corporações terão condições de se destacar nesse jogo e;
- Com as duas características anteriores, as barreiras serão muito altas para se utilizar essa estratégia.

De forma rápida, rebate-se essa tese ao considerarmos que:

- As prioridades é que ditarão que tipo de conteúdo uma pessoa irá consumir. Se ela tem interesse no seu produto, ela se informará sobre esse produto. Não é assim com a programação da televisão, na escolha de um livro...?
- Sobre as teses de que somente as grandes corporações terão capacidade de investir na estratégia e que com isso os pequenos serão impedidos de usufruir das possibilidades do conteúdo. Bem, já é assim, a Kibon vende mais sorvetes que todos os vendedores de sacolé do mundo juntos, mas os pequenos vendedores continuam em todos os lugares. Veja o exemplo da MarketingDigital.com.br brigando de igual para igual com empresas muito maiores que a minha, como a revista Exame da Abril, por exemplo.

Ciclo (de vida) de um Conteúdo

Representa o histórico de "desempenho" de um conteúdo. É normalmente representado por um gráfico que mostra a visitação, número de cliques ou compra a partir de uma determinada mensagem. Costuma ter o seguinte formato:

O primeiro pico é o ápice do interesse após a publicação. O importante é volta e meia chamar nas mídias sociais o mesmo conteúdo para se ter um novo pico e assim sucessivamente. Raramente um conteúdo volta ao ponto zero, enquanto estiver publicado sempre trará visitas. O conteúdo só morre quando ele deixa de ser válido ou atual. Nesse caso você pode ressuscitá-lo ao atualizá-lo ou utilizá-lo como base para novo conteúdo, falando da morte do anterior e explicando o que aconteceu.

CMS (Content Management System) ou Gerenciador de Conteúdo

A plataforma ou parte de um sistema que controla a criação e publicação de conteúdo.

Conteúdo (para o Marketing de Conteúdo)

É o texto, imagem, vídeo, áudio, infográfico, post, documento ou qualquer outro material criado para instruir, embasar, educar ou posicionar um cliente ou lead. O conteúdo tem os mesmos objetivos do marketing, ser S.M.A.R.T., smart, measurable, attainable, relevant and time-bound, traduzindo, ser inteligente, mensurável, alcançável (atingível), relevante e ter um prazo definido (não há palavra exata que signifique time-bound ou time-based). Se quisermos ir além, conteúdo também tem que seguir uma linha editorial (ter uma cara), ser planejado, consistente, otimizado, compartilhável, de boa conversão e gerar bom ROI.

Conteúdo Evergreen

É o conteúdo que não perde relevância com o passar do tempo, que não tem uma mensagem que se esgota ou que não muda facilmente. A importância da motivação no trabalho, por exemplo. É perene, em oposição a conteúdo perecível ou sazonal. O termo em inglês é como que uma metáfora para grama sempre verde.

Conteúdo Dinâmico (ou Adaptável)

É o conteúdo que se adapta de acordo com as informações disponíveis do visitante. Ele se adequa ao horário, mostra o nome do visitante, ou se modela de acordo com informações ou preferências previamente informadas pelo visitante.

Conteúdo Gerado ou Produzido por Terceiros

Há mais de um significado para esse tipo de conteúdo.

1. Pode ser o conteúdo gerado a partir de comentários, resenhas e opiniões de consumidores, e que podem ser pró ou contra os interesses das empresas. Costumam tem grande peso nas decisões de novos clientes e pode rapidamente fazer um caso de sucesso ou fracasso.

2. Conteúdo feito por prestadoras de serviços especializadas em produção de conteúdo.

Conteúdo Técnico

É o tipo de conteúdo que pretende explicar algo mais complexo, como funcionamento de máquinas ou de processos que envolvam ciência ou técnica. Muitas vezes utilizam linguagem específica da área, os jargões, como bulas ou manuais de funcionamento de máquinas.

Conversão

É quando se alcança a ação previamente estipulada como objetivo de uma visita ou de um conteúdo. Pode ser uma compra, um cadastro, uma contratação, uma resposta, etc.

Copyright

Não confunda copywriting com copyright. Copyright é direito autoral sobre o conteúdo.

Copy ou Copywriting

É o caminho desenhado para um conteúdo conseguir conversões. É normalmente associado a textos, é o que torna o conteúdo interessante o suficiente para ser consumido e ter apelo suficiente para provocar ações. Uma boa "cópia" faz o conteúdo converter.

Curadoria

É a organização, exposição, menção, análise e indicação de conteúdo de diferentes fontes em um só local. O trabalho de curadoria, bem feito, pode ser um ótimo remédio para as dificuldades de criação de conteúdo original próprio.

D

Densidade de Palavra-chave

Número de vezes que uma palavra-chave é utilizada em um texto. Normalmente expresso em termos percentuais. Deve-se sempre buscar uma densidade ótima, nem tanto, nem tão pouco...

Derivação de Conteúdo

É o trabalho de adaptar um conteúdo qualquer para outro tipo de formato que não o original. Um vídeo criado a partir de um texto, por exemplo. Vamos mostrar mais tarde várias possibilidades de derivação.

Distribuição

É o trabalho de disseminar, espalhar o conteúdo pelos diversos canais, em diferentes formatos ou não.

Duplicidade de Conteúdo

É a exposição de conteúdo idêntico em mais de uma página do mesmo site ou do mesmo autor. As buscas costumam punir esse procedimento.

E

Edição

É o trabalho de refinar um conteúdo, dando a este, um padrão de qualidade, uma identidade, garantindo que diretrizes previamente definidas sejam minimamente atendidas.

Engajamento

É a ligação que um conteúdo estabelece com quem o consome. Pode ser externado instantaneamente, por meio de um comentário, um compartilhamento ou uma curtida, ou posteriormente, por uma indicação. O engajamento não significa necessariamente uma compra ou ação de consumo, mas, pelo menos, a indicação para que terceiros o façam.

Estratégia de Conteúdo

É o roteiro definido para o planejamento, criação (ou curadoria), produção, distribuição e manutenção de um conteúdo. É uma parte do marketing de conteúdo, não um sinônimo.

F

Formato

É a forma como o conteúdo será apresentado: texto, imagem, vídeo, áudio, post, infográfico, tweet, pdf, webinar, etc.

Funil de Venda

Também conhecido como pipeline, é o caminho que você desenha para que um visitante venha a tornar-se um cliente. O funil divide e estabelece as ações específicas a serem utilizadas de acordo com a fase em que a pessoa se encontra. No Marketing de Conteúdo, normalmente essas fases são 5: visita, lead (contato), prospect (contato mais qualificado), oportunidade e cliente. A migração de uma fase para a outra comprova que o funil de vendas está funcionando.

G

Geo-targeting

É a criação de conteúdo que seja relevante especificamente pessoas de uma determinada região. Sua exposição é definida com base no local de acesso do visitante.

Geração de Leads (Lead Generation)

É o objetivo da maioria das ações de marketing, buscar um contato inicial com pessoa interessada no produto ou serviço oferecido pela empresa, visando a torná-la um cliente.

Guest Post

É o ato de publicar um artigo de terceiros no seu blog ou site. Para quem escreve é a possibilidade de atingir novas audiências e, para o dono do site, é uma boa forma de incorporar novos pontos de vista e oferecer mais conteúdo.

I

Inventário de Conteúdo

É o registro da quantidade e qualidade de todo tipo de conteúdo de um site. Normalmente é feito após o desenvolvimento da estratégia de conteúdo. Definidos os assuntos que serão abordados, o inventário mostra o que já se tem de cada assunto ou formato. Quanto mais específicos forem os registros, melhor.

K

KPI (Key Performance Indicators – Indicadores chave de performance)

É a medida de performance do marketing de conteúdo. A partir da definição dos objetivos das estratégias de marketing, as KPIs indicam se os caminhos ora utilizados estão corretos.

L

Landing Page

São páginas produzidas especificamente para receber e cadastrar e-mails de visitantes vindos das buscas, de formulários de cadastro ou anúncios.

Lead

Potencial cliente conquistado pelas iniciativas de marketing, que ainda não está pronto para efetuar uma compra, mas que, ao que tudo indica, tem boa chance de vir a se tornar um cliente.

Link Building

Conjunto de estratégias utilizadas para conseguir links para o seu site. Use com sabedoria...

M

Marketing de Conteúdo

Estratégia de marketing que consiste em produzir, distribuir e manter conteúdo original, relevante e consistente, para atrair e engajar uma audiência previamente definida, a fim de levá-la a tomar ações pré-determinadas.

Marketing de Permissão

Conceito popularizado pelo guru do marketing Seth Godin que indica a autorização da audiência para a apresentação de seu conteúdo ou remessa de mensagens. Tornou-se um conceito-chave no email marketing, para evitar o spam e uma antítese para a publicidade nas mídias tradicionais.

Marketing por Conteúdo

Denominação criada por Eric Santos e divulgada por Rafael Rez, que busca melhorar a descrição desta estratégia. Como Marketing de Conteúdo sempre foi tratado como fazer sites com conteúdo para vender anúncios tipo Adsense e Marketing do Conteúdo pode soar como fazer conteúdo para vender, eles consideram que Marketing por Conteúdo exprime melhor o que é a estratégia.

N

Nutrição de Leads (Lead Nurturing)

É a manutenção de um bom relacionamento com os leads captados das iniciativas de marketing. Nessa fase é importante manter contato permanente e a remessa de conteúdo relevante por email, posts em blogs e pelas mídias sociais. A nutrição deve estar relacionada à Jornada de Compra de cada Persona.

Newsjacking

Refere-se a aproveitar-se da popularidade de notícia de terceiros para "pegar carona" e produzir conteúdo que apresente um enfoque que possivelmente viralize. É como uma emissora que não a Globo, criar conteúdo sobre algo que aconteceu no Big Brother Brasil.

O

Otimização

A otimização de conteúdo pode ter 2 significados:

1. Usar técnicas de SEO para que o conteúdo conquiste bom posicionamento nas buscas.

2. Produzir conteúdo de forma tal que as pessoas sintam-se compelidas a compartilhá-lo.

P

Palavra-chave

Palavra ou conjunto de palavras que uma pessoa utiliza quando de uma busca. No caso de produção de conteúdo, é o tema principal deste.

Panda/Penguin

Principais atualizações do algoritmo do Google que tornaram a produção de conteúdo relevante e original ainda mais importante, punindo sites que copiavam conteúdo de terceiros, utilizavam SEO excessiva ou temerariamente (busca de links de sites irrelevantes, uso indevido de meta tags) entre outros. No geral, bons produtores de conteúdo original foram alavancados a melhores posições.

Persona

Conhecido também como avatar, é o estudo das características, dores e necessidades do público-alvo de uma campanha ou produto, a fim de criar um personagem que englobe todas essas características. A partir dessa definição, cria-se conteúdo que atenda as necessidades desses personagens.

Press Release

E a sugestão de publicação. O produtor de conteúdo criar material e o remete a influenciadores ou serviços que o repassarão e estimularão sua disseminação pela mídia tradicional, off-line ou mesmo online divulgue conteúdo sobre seus produtos ou serviços. Serviço comum nas mídidas tradicionais.

R

Revisão

Checagem para a correção de erros básicos em um conteúdo.

ROI

Retorno do Investimento (Return On Investment). É o resultado percentual da fórmula:

(Lucro - Custo do Investimento) / Custo do Investimento).

S

Storytelling

Conceito de usar histórias ou estórias em um contexto tal que mexa com a emoção de sua audiência. Quer informar? Narre um fato ou exponha uma situação. Quer vender? Conte uma história, uma boa história!

T

Teste A/B

Produção de duas versões de uma mesma mensagem para analisar a performance de cada uma e usar essa resultado como inteligência de negócios para futuras produções.

V

Viralidade

Capacidade de um conteúdo disseminar-se de forma rápida e forte, fugindo dos padrões. Em tese, todo conteúdo é criado para ser viral. Acontece que isso não depende apenas da competência ou desejo do conteudistas. Uma série de fatores, a maioria fora de controle, influem na viralidade.

W

Whitepaper

Conteúdo que apresenta informações específicas sobre um único assunto (ou produto ou serviço) criado a partir da análise de um caso de sucesso ou estudo.

Agradecimentos

Agradeço primeiramente à minha família. Com tantas ausências para compromissos profissionais, voltar para casa é sempre uma alegria imensa. Minha esposa e meus pequenos. Vocês são a minha rocha.

Ao meu pai e à minha mãe. Devo a eles o meu prazer pelo saber. Cresci em uma casa com fartura de livros e com total incentivo à educação, ao conhecimento e ao esforço. Meus pais são pessoas fodásticas.

Aos meus sogros, que sempre nos apoiaram muito. Ao Hideto, um Mestre Jedi que é exemplo de compaixão, humildade e sabedoria, a quem admiro muito. Sinto falta das nossas conversas de domingo.

Um grande obrigado à melhor equipe do mundo: Gaspar, Mantovani, Camilla, Ygor e Henrique. E à melhor equipe que já fomos na Web Estratégica: Vinícius, Analiz, Julian, Francieli, Lelinha, Ellien, Paloma, Fábio Jr., Adair Christina, Leca, Renan, Marília e Samara. Antes ainda, aos meus sócios e à toda a equipe da Lógica Digital. Foram quase 100 colaboradores ao longo de 9 anos. Me orgulho de ter feito parte da história de vocês e de acompanhar a carreira de alguns até hoje. Muitos funcionários se tornaram amigos presentes até hoje. Alguns se tornaram empreendedores e tem seus próprios negócios. Que orgulho de vocês!

Ao Betto Alves pela transcrição do material inicial deste livro. Ao Paulo Maccedo pela revisão, produção e pós-produção. À Helena Sordili por materializar o design que eu sempre quis. Ao Alexandre e ao Sergio na DVS Editora, pelo apoio e pelo suporte. Este material não existiria sem vocês!

Ao Alex Moraes, um dos caras mais íntegros e positivamente malucos que já conheci. Fizemos juntos o melhor curso de marketing de conteúdo que o Brasil já viu. Muito do material aqui foi produzido para as aulas do curso.

Agradecimentos

Ao Maurício Zane, quem primeiro apostou em mim como palestrante num evento técnico. Tudo começou no SEO Camp 2010. Quando ninguém nem falava sobre Growth Hacking, esse cara já fazia isso! Depois veio o Rodrigo Gonçalves com as 5 edições de OlhóSEO / OlhóCON. Ao Roberto Costa e Juliano Torriani, pelo Tchê SEO e ao Alberto André pelo Uai SEO. Foi nestes eventos que eu primeiramente falei sobre "conteúdo". E foi nestas palestras que muita gente viu o que estava por vir e começou a agir.

Ao Alberto André e ao Rafael Damasceno, que apostaram em 2012 na idéia do primeiro curso de Marketing de Conteúdo do Brasil, comigo e com a Sabrina Almeida, a Sassá. Fizemos a história acontecer!

Obrigado à Martha Gabriel por ser um exemplo de ser humano, uma referência profissional e por ter me confiado a primeira missão como professor de um MBA na HSM Educação, e depois na Alfa Goiânia.

Ao Gustavo Zanotto e ao Armando Tadeu Rossi no Iladec. À Sara Zimmermann pela ESAMC e por tantas conversas importantes. À Cris Morais na ESAMC. À Sandra Turchi pelos convites para as turmas da ESPM. Ao Felipe Morais, meu autor de estimação e coordenador apaixonado na Impacta. Ao Nino Carvalho, coordenador do MBA de Marketing Digital da FGV. Obrigado pela confiança!

Ao Rodrigo Nascimento, fizemos história com o Checklist SEO. Não chora!

Marmotta e Fer da Monetizze, amigos caninos e empreendedores da melhor espécie.

Aos caras do MafiaMind. Os amigos são a família que a gente escolhe. Léo, Fabinho, Camilo e Motta.

Aos caras do Bushido. Aprendi 3 anos em 2 dias.

Ao Flávio Raimundo e ao Paulo Faustino por sempre terem apostado em mim, até mais do que eu mesmo apostaria. Raimundus foi meu mentor de SEO e é um amigo incrível. Faustino e Regina são minha família em Portugal, nunca vou esquecer aquele dezembro de 2014. Aprendi muito durante os anos em que fui sócio do Afiliados Brasil, e vivi o sonho desses caras para tentarmos caçar bons exemplos nesse mercado.

À Fábia Cruz, minha coach querida, amiga e confidente, que me colocou em movimento de novo. À Selma, aluna, amiga e coach, que me apresentou ao Tim.

Ao Ricco de Carvalho, meu amigo e mentor nesse mundo louco de Cursos Online. Aos graduados pelo apoio e suporte. Ao Felipe Pereira, pai do Daniel, pelas inúmeras horas de orientação e por me puxar a orelha sempre. Ao Thiago Rodrigo pelo apoio na hora mais crítica, antes e depois. À Clau Boaventura e ao Luiz em Floripa. Tiago Magnus, André Bernert e George da Clint.

Ao Everton Andrade, o CEO da melhor idéia que já tivemos. Go, Marketing!

Aos meus alunos: Checklist SEO, Conteúdo de Resultados, Marketing Hacks, MBA de Marketing da HSM Educação, Pós-Graduação de Marketing Digital do Iladec, MBA de Marketing Digital da Alfa, nos cursos de férias da ESPM, MBA de Marketing Digital da ESAMC, no curso de extensão em Marketing Digital do INSPER, no MBA de Marketing Digital da Impacta, em todos os cursos presenciais de 2016, e em todos os cursos livres nos quais contribuí.

À turma 32 do MBA de Marketing Digital da FGV em Campinas, uma turma épica que subiu a régua.

Aos meus professores, por terem me ensinado a pensar e a aprender a aprender. Especialmente ao Gustavo Vilela, meu melhor professor de marketing, e ao José Mauro Nunes, um professor ímpar, íntegro, metaleiro e exemplo de profissional. Zé Mauro é o tipo de professor que todo professor gostaria de ser.

Ao Fabio Guedes e à Flávia Arakaki pelas revisões na 1ª impressão do livro, muito obrigado mesmo!

Vivo cercado de gente muito boa, com quem aprendo muito. O que compartilho aqui é um pouco do que aprendi com todas essas pessoas acima, e com as outras que não me lembrei de citar, me desculpem por isso. Eu não chegaria a lugar algum sem ter recebido tantas oportunidades. É um privilégio ter trabalhado ou ainda trabalhar com cada um de vocês.

A todos os grandes amigos que fiz no mundo digital, na comunidade de

SEO brasileira e no mundo do conteúdo. Há muito mais gente do bem no mundo do que imaginamos.

Aos organizadores de centenas de eventos, que corajosamente me contratam para falar o que eu quiser.

Aos meus clientes pela confiança e pelas oportunidades de testar e aprender.

Sempre assinei meus e-mails desta forma. No Coaching descobri um exercício fenomenal: dizer um "Obrigado" por dia. A vida sempre foi muito generosa comigo, e sou muito grato a todas as pessoas e oportunidades que recebi.

A você leitor deste livro, um agradecimento especial. Espero que esta leitura possa agregar valor ao seu negócio, à sua carreira ou aos seus clientes. Se apenas uma dessas páginas gerar uma idéia que seja implantada e dê frutos, já terá valido a pena. É nossa missão fazer um marketing mais eficiente, mais conectado e mais humano. Obrigado por estar nessa missão, e por confiar em mim para ser seu guia!

Rez

Bibliografia

ANDERSON, Chris. A Cauda Longa. Editora Campus, 2006.

BAER, Jay. Youtility. Portfolio / Penguin, 2013.

BROWN, John Seely, DUGRID, Paul. A Vida Social da Informação. Makron Books, 2001.

CARR, Nicholas. A Grande Mudança. Editora Landscape, 2008.

CHAPMAN, C. C.; HANDLEY, Ann. Regras de Conteúdo. Alta Books, 2012.

CIALDINI, Robert. As Armas da Persuasão. Editora Sextante, 2012.

DAMASCENO, Laíze. Marketing de Gentileza. Brasport, 2015.

GABRIEL, Martha. Marketing na Era Digital: Conceitos, Plataformas e Estratégias. Editora Novatec, 2010.

GABRIEL, Martha. SEM e SEO: Dominando o Marketing de Busca. Ed. Novatec, 2012.

GAWANDE, Atul. Checklist: como fazer as coisas benfeitas. Editora Sextante, 2011.

GILMORE, James H., PINE, Joseph B. Autenticidade. Editora Campus, 2008.

GODIN, Seth. Marketing de Permissão. Elsevier, 2000.

GODIN, Seth. O futuro não é mais o mesmo. Editora Campus, 2007.

GODIN, Seth. Sobreviver não é o bastante. Editora Campus, 2002.

HALVORSON, Kristina. Estratégia de Conteúdo para Web. Alta Books, 2011.

HANDLEY, Ann. Everybody Writes. Wiley, 2014.

JENKINS, Henry. Cultura da Convergência. Editora Aleph, 2006.

KRUG, Steve. Não me faça pensar. Market Books, 2001.

LARROSSA, Luciano. Facebook para Negócios. Chiado Editora, 2016.

LIEB, Rebecca. Content Marketing: Think Like a Publisher. Que Publishing, 2011.

MCSILL, James. 5 Lições de Storytelling. DVS Editora, 2013.

MORAIS, Felipe. Planejamento Estratégico Digital. Saraiva, 2015.

NIELSEN, Jacob. Projetando Websites. Editora Campus, 2000.

ODDEN, Lee. Optimize. John Wiley & Sons, Inc., 2012

PINK, Daniel. Saber vender é da natureza humana. Leya Brasil, 2013.

POLITI, Cassio. Content Marketing. Bookess, 2013.

PULLIZI, Joe. Marketing de Conteúdo Épico. DVS Editora, 2016.

PULLIZI, Joe, BARRETT, Newt. Get Content Get Customers: Turn Prospects Into Buyers With Content Marketing. McGraw-Hill Education, 2009.

REVELLA, Adele. Buyer Personas. Wiley, 2015.

Rick LEVINE, Christopher LOCKE, Doc SEARLS and David WEINBERGER. The Cluetrain Manifesto : The End of Business as Usual, Cambridge (Mass.), Perseus Books, 2000.

ROETZER, Paul. The Marketing Agency Blueprint. Wiley, 2011.

ROSE, Robert, PULIZZI, Joe. Managing Content Marketing: The Real-World Guide for Creating Passionate Subscribers to Your Brand. Content Marketing Institute, 2011.

SCHAEFER, Mark W. The Content Code. Mark W. Schaefer, 2015.

SHAH, Darmesh, HALLIGAN, Brian. Inbound Marketing: Seja Encontrado Usando o Google, a Mídia Social e os Blogs. Alta Books, 2010.

SHIRKY, Clay. A Cultura da Participação. Editora Zahar, 2010.

VARIAN, Hal R., SHAPIRO, Carl. A Economia da Informação. Editora Campus, 1999.

WUEBBEN, Jon. Content is Currency. Nicholas Brealey, 2011.

Sugestões de leitura

MARKETING DE CONTEÚDO ÉPICO
Joe Pulizzi

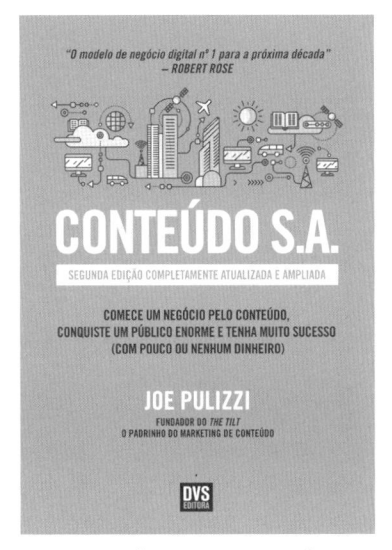

CONTEÚDO S.A. - 2 EDIÇÃO
Joe Pulizzi

5 LIÇÕES DE STORYTELLING
James McSill

DVS EDITORA

www.dvseditora.com.br

GRÁFICA PAYM
Tel. [11] 4392-3344
paym@graficapaym.com.br